Martin R. Textor

Bildung im Kindergarten

AF286193

Martin R. Textor

Bildung im Kindergarten

Zur Förderung kognitiver Kompetenzen

Books on Demand GmbH

Herstellung und Verlag: BoD - Books on Demand, Norderstedt
Alle Rechte vorbehalten – Printed in Germany
© Martin R. Textor, 2., aktualisierte und erweiterte Aufl. 2021
Umschlagfoto: © Tatyana Gladskih – Fotolia.com

ISBN 978-3-8391-8749-4

Inhalt

Vorwort

Seit Ende der 1990er Jahre wird die Bildungsfunktion von Kindertageseinrichtungen intensiv diskutiert – allerdings unter negativen Vorzeichen: Zum einen beklagten Wissenschaftler/innen, dass Kleinkinder in Kindergärten zu wenig „gebildet" würden. Das Buch von Elschenbroich (2001) über das, was Siebenjährige an Weltwissen haben sollten, wurde sogar zu einem Bestseller – und verdeutlichte der Öffentlichkeit, wie wenig davon Kinder in Kitas lernen. Hirnforscher/innen betonten wie Psycholog/innen die große Bedeutung der frühen Kindheit für die spätere Entwicklung und den Schulerfolg. Auch wurden große Qualitätsunterschiede zwischen einzelnen Kindertagesstätten konstatiert. Beispielsweise erbrachte die „Nationale Untersuchung zur Bildung, Betreuung und Erziehung in der frühen Kindheit" (NUBBEK), bei der 1.242 Zweijährige und 714 Vierjährige in Kindergarten-, Krippen- und weit altersgemischten Gruppen, in Kindertagespflege und in ausschließlicher Familienbetreuung untersucht wurden, folgendes Ergebnis: „Jeweils über 80 Prozent der außerfamiliären Betreuungsformen liegen ... in der Zone mittlerer Qualität (Werte zwischen 3 und 5). Gute pädagogische Prozessqualität kommt dabei in jedem der Betreuungssettings in weniger als 10 Prozent der Fälle vor; unzureichende Qualität dagegen – mit Ausnahme der Tagespflege – in zum Teil deutlich mehr als 10 Prozent der Fälle (...). In der auf die Bildungsbereiche Literalität, Mathematik, Naturwissenschaft und interkulturelles Lernen bezogenen KES-E kommen über 50 Prozent der untersuchten Kindergarten- und altersgemischten Gruppen in den Bereich unzureichender Qualität zu liegen" (Tietze et al. 2012, S. 8). So wurden Qualitätssicherungsverfahren gefordert, durch die eine gleichmäßig gute Bildung in allen Kindertageseinrichtungen und damit die Chancengleichheit der Kinder beim Schuleintritt sichergestellt werden sollten.

Zum anderen forderten nach der Veröffentlichung von PISA-, IGLU-, TIMMS- und ähnlichen Studien immer mehr Politiker/innen eine Intensivierung der Bildungsarbeit in Kindertageseinrichtungen, damit die „Bildungskatastrophe" bewältigt werden könne. Außerdem müssten Kitas noch neue, zusätzliche Aufgaben wie z.B. die Durchführung von Sprachlernprogrammen für ausländische Kleinkinder übernehmen und die mathematisch-naturwissenschaftliche Bildung intensivieren. Inzwischen haben die Bundesländer Bildungspläne und -programme verabschiedet, in denen genau festgelegt wird, welche Kompetenzen in Kindertageseinrichtungen gefördert und welche Bildungsbereiche abgedeckt werden sollen.

Im ersten Teil des vorliegenden Buches werden aktuelle Erkenntnisse von Hirnforscher/innen und Psycholog/innen präsentiert, aus denen dann Konsequenzen für die frühkindliche Bildungsarbeit in Kitas abgeleitet werden.

Im zweiten Teil wird der Begriff „Bildung" umrissen. Ferner werden drei Formen der frühkindlichen Bildung beschrieben. Dann wird auf die Bedeutung von Beobachtung und Bildungsplanung eingegangen. Auf der Grundlage von vier empirischen Studien werden anschließend Charakteristika einer effektiven Bildungsarbeit dargestellt.

Im dritten Teil des Buches wird am Beispiel der Förderung der kognitiven Entwicklung die Umsetzung des Bildungsauftrags von Kindergärten konkretisiert. Es wird beschrieben, wie Erzieher/innen[1] relevante Kompetenzen stärken können.

Im Schlusswort wird dann die Bedeutung einer ganzheitlichen Bildung und Erziehung betont, durch die z.B. auch die „interpersonale" und die „intrapsychische" Intelligenz, das Gefühlsleben, die Persönlichkeit und das Wertesystem eines Kindes beeinflusst werden.

Viele Kapitel dieses Buches können einzeln gelesen werden, da sie in sich geschlossen sind. Diese Möglichkeit bedingt aber auch, dass Leser/innen mit einigen Wiederholungen konfrontiert werden, wenn sie das Buch von vorne bis hinten lesen. Das kann aber nur den Lernerfolg verstärken...

---

[1] Der Begriff „Erzieher/innen" wird in diesem Buch stellvertretend für alle Beschäftigen in Kindertageseinrichtungen verwendet, also auch für Sozialpädagog/innen, Kinderpfleger/innen, Sozialassistent/innen, Praktikant/innen usw.

Die frühkindliche Entwicklung aus Sicht von Hirnforschung und Psychologie

In den letzten Jahren hat die Hirnforschung große Fortschritte gemacht und eine Unmenge neuer Erkenntnisse über das Gehirn, seine Struktur und die in ihm ablaufenden Prozesse gesammelt. Auch gelingt es ihr, die Gehirnentwicklung immer besser zu verstehen. Diese Forschungsergebnisse sind auch für Erzieher/innen von großer Bedeutung, da sie ihnen helfen, Lern- und Bildungsprozesse besser zu verstehen und effektiver zu gestalten. So sollen in diesem Kapitel relevante Erkenntnisse der Hirnforschung zusammengefasst und Implikationen für die frühkindliche Bildung herausgearbeitet werden.

Das Gehirn

Das Gehirn hat ein mittleres Gewicht von 1.245 g bei Frauen und von 1.375 g bei Männern. Den meisten Platz nimmt das Großhirn ein, das aus zwei Hälften (Hemisphären) besteht, die durch den Balken miteinander verbunden sind. In der linken Hirnhälfte sind z.b. Sprache, Denkprozesse, Mathematik und Musik verankert, in der rechten Hemisphäre visuell-räumliche Wahrnehmung, Gefühle, Kreativität, Fantasie und Körperkoordination. Männer mögen wohl mehr Gehirnmasse haben, nutzen aber verstärkt nur die linke Gehirnhälfte – Frauen setzen hingegen beide Hemisphären gleichmäßiger ein.

Das Großhirn wird in mehrere Hirnlappen (Lobi) unterteilt:

- Der Stirnlappen umfasst etwa 25% der Gehirnmasse. Er ist zuständig für die Kontrolle der Motorik inklusive des Sprechens. Auch findet hier die grammatikalische Verarbeitung der Sprache statt (Broca Areal). Der Stirnlappen „enthält" das Bewusstsein; in ihm werden Gedanken, Gefühle und Stimmungen wahrgenommen. Ferner laufen im Stirnlappen kognitive Prozesse wie Konzentrieren, Denken, Planen, Urteilen und Entscheiden ab; hier befindet sich das Kurzzeit- bzw. Arbeitsgedächtnis. Außerdem ist der Stirnlappen Sitz des

9

Willens und der Persönlichkeit. Von hier aus wird das eigene (Sozial-) Verhalten anhand moralischer Grundsätze und Gewissensentscheidungen oder aufgrund von Empathie und anderen Gefühlen reguliert; Selbstbeherrschung wird ermöglicht.

- Der Scheitellappen ist zuständig für selektive Aufmerksamkeit, die Integration sensorischer Informationen, die räumliche Orientierung und die visuelle Steuerung von Bewegungen. Hier haben räumliches Denken, Geometrie, Rechnen und Lesen ihren Platz. Im Scheitellappen befindet sich auch das Langzeitgedächtnis für Erinnerungen.
- Der Hinterhauptlappen ist zuständig für das Sehen (primäres Sehzentrum) und für das Wiedererkennen von Gesehenem (sekundäres Sehzentrum).
- Der Schläfenlappen ist verantwortlich für das Hören und das Wortverständnis, aber auch für Musik und andere auditive Informationen. Hier ist das Sprach- bzw. lexikalische Wissen zu finden (Wernickes Areal). Außerdem befindet sich im Schläfenlappen das mittelfristige Gedächtnis (Hippocampus), in dem auch Nonverbales wie Gesichter oder Melodien abgespeichert wird.
- Der Insellappen, der kleinste Abschnitt des Großhirns, ist für das Riechen und Schmecken zuständig. Hier werden Körperempfindungen wie Hunger, Durst, Schmerz oder Blasendruck wahrgenommen, aber auch andere Gefühle. Zudem befindet sich der Gleichgewichtssinn im Insellappen.

Prinzipiell werden in den Hirnlappen primäre und sekundäre Assoziationsareale unterschieden. Von den primären Arealen gehen direkte Nervenverbindungen zu den Sinnesorganen. Die sekundären Assoziationsareale sind über Parallelfasern untereinander verknüpft und speichern das unbewusst oder bewusst erlernte Wissen. An einem Gedächtnisprozess sind zumeist mehrere Gehirnareale beteiligt.

Der nach dem Großhirn zweitgrößte Bereich des Gehirns ist das Kleinhirn, das ebenfalls aus zwei Hemisphären besteht. Es steuert unbewusst die Muskulatur und hält den Körper im Gleichgewicht. Ferner bekommt es über die Brücke willkürliche Bewegungsimpulse aus dem Großhirn und koordiniert die jeweiligen Bewegungen. Außerdem hat das Kleinhirn die Aufgabe, automatisierte Bewegungsabläufe wie z.B. Tanzschritte zu speichern.

Das Zwischenhirn umfasst unter anderem den Thalamus und den Hypothalamus. Der Thalamus empfängt zunächst die Wahrnehmungen der Sinnesorgane sowie Empfindungen aus dem Körper. Es erfolgt dann eine primitive Informationsverarbeitung, wobei der Thalamus als Filter fungiert und z.b. anhand von Situationen wie Schlaf oder Nahrungszunahme entscheidet, welche Informationen an das Großhirn weitergeleitet werden sollen. Deshalb wird er oft als „Tor zum Bewusstsein" bezeichnet. Zugleich wird das Großhirn vor Überlastung geschützt. Der Hypothalamus ist das wichtigste Steuerzentrum des vegetativen Nervensystems. Er kontrolliert lebenswichtige Funktionen wie Körpertemperatur, Blutdruck, Nahrungs- und Wasseraufnahme, Schlaf und Geschlechtstrieb. Der Hypothalamus steht in direktem Kontakt mit der Hypophyse und ist ein Bindeglied zwischen dem Hormon- und dem Nervensystem.

Der Hirnstamm bzw. das Stammhirn ist der entwicklungsgeschichtlich älteste Bereich unseres Gehirns. Der Hirnstamm umfasst das Mittelhirn, die bereits erwähnte Brücke und das verlängerte Rückenmark (Nachhirn). Das Mittelhirn ist eine Umschaltstelle, die Nervenerregungen über das Zwischenhirn an das Großhirn weiterleitet oder auf motorische Nervenzellen umlenkt. Ferner steuert es die meisten Gesichts- und Augenmuskeln. Die Brücke ist ebenfalls eine Umschaltstation, insbesondere für Erregungen, die zwischen den beiden Hälften des Großhirns bzw. des Kleinhirns verlaufen. Das verlängerte Mark steuert grundlegende und überlebenswichtige Funktionen wie Herzfrequenz, Atmung und Blutkreislauf. Außerdem werden hier Reflexe wie Saugen, Schlucken, Niesen, Husten und Erbrechen kontrolliert.

Die neuronale Struktur

Das Gehirn besteht aus rund 100 Milliarden Nervenzellen (Neuronen), die über 100 Billionen Synapsen (Kontaktstellen) mit anderen Neuronen kommunizieren. Somit ist eine Nervenzelle im Durchschnitt mit 1.000 anderen Neuronen verbunden. Dazu hat jede Nervenzelle ein Axon, das zwischen Bruchteilen eines Millimeters und mehr als einem Meter lang sein kann, und Dendriten, die sie mit vielen anderen Neuronen verbinden. Die Länge aller Nervenbahnen des Gehirns eines erwachsenen Menschen beträgt etwa 5,8 Millionen Kilometer, was dem 145-fachen Erdumfang entspricht.

Während ein Neuron seinen Input über die Dendriten erhält, leitet es nach Verarbeitung desselben seinen Output über das Axon weiter. Innerhalb der Nervenzelle geschieht dies durch elektrische Signale. Zwischen den Neuronen erfolgt die Kommunikation hingegen durch den Austausch von Neurotransmittern, d.h. von komplexen Aminosäuren wie Serotin, GABA, Dopamin, Adrenalin usw. Diese werden am Ende eines Axons – also an einer seiner vielen Synapsen – freigesetzt, überqueren den synaptischen Spalt und werden dann von den Rezeptoren der Synapse eines Dendrits aufgenommen und wieder in einen elektrischen Impuls umgewandelt. Sobald der Neurotransmitter seine Aufgabe erledigt hat, sorgen Enzyme im synaptischen Spalt für die Trennung von Transmitter und Rezeptor. Eher selten werden zwischen den Synapsen auch Ionen ausgetauscht, also elektrisch positiv bzw. negativ geladene Atome oder Moleküle. Die meisten elektrischen Signale laufen somit innerhalb der Neuronen ab. Dazu produziert das Gehirn jederzeit rund 20 Watt an Elektrizität.

Neuronen machen aber nur die Hälfte der Masse des Gehirns aus. Die andere Hälfte umfasst die kleineren Gliazellen – ihre Zahl ist etwa zehnmal höher als die der Nervenzellen. Als „spinnenähnliche" Astrozyten (unter Umständen mit Zehntausenden von Verbindungen zu Neuronen und anderen Gliazellen) bilden sie ein Stützgerüst für die Neuronen und sind am Stoff- und Flüssigkeitstransport im Gehirn beteiligt. Als Mikroglia bilden sie die Immunzellen des Nervensystems. Und als Oligodendrozyten und Schwann-Zellen umhüllen Gliazellen die Axone segmentweise mit einer Myelinschicht, wobei kleine Bereiche, sogenannte Ranviersche Schnürringe, zwischen jeweils zwei Segmenten unbedeckt bleiben. Diese Myelinschicht sorgt für die elektrische Isolation der Nervenzellen.

Nach neuesten Erkenntnissen sind Gliazellen auch an der Informationsverarbeitung, am Lernen und an höheren Denkprozessen beteiligt. Sie kommunizieren miteinander und mit den Nervenzellen, reagieren aber genauso auf deren elektrische Aktivität. Ferner beeinflussen Gliazellen die Signalübertragung an den Synapsen (und kontrollieren vielleicht sogar deren Stärke), indem sie einen Teil der Neurotransmitter aufnehmen, diese verarbeiten und dann eigene Transmitter an die Synapsen abgeben. Im Gegensatz zu Neuronen variiert aber die Stärke ihrer auf der Ausschüttung von Kalzium beruhenden Signale, die zudem langsamer sind. Eventuell sind Gliazellen auch an der Ausbildung von Synapsen beteiligt.

Was im Gehirn passiert

In jedem Augenblick strömt eine Unmenge an Eindrücken und Wahrnehmungen aus dem Körper und über die Sinne zum Gehirn. Die Impulse werden in viele kleine Einzelteile zerlegt, die in spezialisierten Teilregionen des Gehirns verarbeitet werden – den bereits erwähnten primären Assoziationsarealen. Die von dort ausgehenden „Botschaften" werden in größeren Bereichen des Gehirns interpretiert und miteinander verknüpft, also in den sekundären Assoziationsarealen. An dieser Weiterverarbeitung sind vielfach auch Gedächtnisprozesse beteiligt: Erkennen ist vor allem Wiedererkennen von Gleichem und Ähnlichem. Ferner werden mit Hilfe des Gedächtnisses unvollständige Eindrücke ergänzt. Schließlich müssen Körper und/oder Geist reagieren, Veränderungen vornehmen, Handlungen planen und durchführen.

Insbesondere an hoch komplexen Abläufen sind somit viele Bereiche des Gehirns beteiligt. Wer z.B. eine Rechenaufgabe löst, muss die Zahlen oder den Text wahrnehmen und verstehen, muss sich an ähnliche Aufgaben und erprobte Lösungswege erinnern, muss nachdenken, ausprobieren und schließlich Arm und Hand beim Niederschreiben der Antwort lenken.

Natürlich können nicht alle Eindrücke und Wahrnehmungen, Lernerfahrungen und Informationen im Gehirn gespeichert werden. Vielmehr wird ausgewählt: Das Gehirn ignoriert bereits Bekanntes, unterscheidet Wichtiges von Unwichtigem, bildet Kategorien, Muster und Hierarchien, ordnet Ereignisse in sinnvollen Sequenzen, stellt Beziehungen zu anderen Daten her, fügt neu Gelerntes in bereits abgespeichertes Wissen ein. Eindrücke und Informationen werden leichter behalten, wenn sie mit Emotionen verknüpft sind, wenn sie neuartig, ungewöhnlich und besonders interessant wirken, wenn sie leicht in die vorhandenen Gedächtnisinhalte integriert werden können und wenn ein Lebens- bzw. Alltagsbezug gegeben ist. Sind Informationen, Lernprozesse, Erinnerungen emotional bedeutsam, reizvoll und spannend, werden Botenstoffe wie Dopamin und Acetylcholin ausgeschüttet, verstärken die Aufmerksamkeit und intensivieren die Gedächtnisleistung. In all diesen Fällen wird die dem Gehirn inhärente „Faulheit" – das Bestreben, aufgrund des generell hohen Bedarfs (s.u.) Energie zu sparen – überwunden.

Emotional bedeutsames Wissen wird (bei Rechtshändern) in der rechten Gehirnhälfte, neutrales Fakten- und Weltwissen in der linken Hemisphäre gespeichert. Schlafen und Träumen helfen, Gedächtnisinhalte zu festigen – so wiederholt und verarbeitet das Gehirn in den REM-Phasen äußerst aktiv Eindrücke des Tages. Babys, Ein- und Zweijährige müssen auch während des Tages einmal oder öfters schlafen, da sie – vielleicht auch wegen der intensiven Aktivität in ihrem Gehirn (s.u.) – leicht ermüden. Sogar jeder fünfte Fünfjährige benötigt eigentlich noch ein „Nickerchen" um die Mittagszeit herum, ansonsten reagiert er am Nachmittag oft schläfrig, weinerlich oder gereizt. Auch seine kognitive Leistung lässt dann nach.

Im Gehirn schlagen sich Denken und Lernen auf verschiedene Weise nieder: Bei jeder Interaktion zwischen (Klein-) Kind und Umwelt reagieren zunächst Tausende von Gehirnzellen. Bestehende Verbindungen zwischen ihnen werden intensiviert, neue ausgebildet. Treten nun wiederholt ähnliche Eindrücke, Wahrnehmungen und Erfahrungen auf, schleifen sich bestimmte Bahnen ein. Das heißt, ähnliche Signale folgen immer häufiger demselben Weg, der durch bestimmte, bei wiederholter Stimulierung stärker werdende chemische Signale in den Synapsen zwischen den Neuronen markiert wird. Haben diese Signale eine von Gehirnregion zu Gehirnregion unterschiedlich große Stärke erreicht, wird diese Bahn auf Dauer (bis in das Erwachsenenalter hinein) beibehalten.

Die zuvor benutzten Verbindungen – und die an ihnen beteiligten Neuronen – verlieren an Bedeutung; viele der kaum oder überhaupt nicht benutzten Nervenzellen werden abgebaut. Die entlang der sich einschleifenden Bahnen liegenden Neuronen werden hingegen immer größer, d.h., sie bilden weitere Dendriten aus, die zudem länger werden und zu mehr Nervenzellen führen. Aufgrund dieser Prozesse reagieren Neuronen immer schneller, effizienter und besser. Zugleich wird das Gehirn auf eine bestimmte Weise organisiert – je nachdem, für welche Arten von Lernprozessen Neuronen und Nervenbahnen besonders oft aktiviert werden. Die Veränderungen in seiner Struktur können sogar stark ausgeprägt sein, wenn bestimmte Lernerfahrungen sehr häufig gemacht werden: Beispielsweise ist bei Taxifahrern die Gehirnregion für das Ortsgedächtnis größer, wird bei tauben Menschen ein Bereich im Gehirn für die Gebärdensprache abgegrenzt. Bei kleineren Kindern ist die Gehirnstruktur noch so prägbar, dass sogar der Verlust einer Hemisphäre ausgeglichen werden kann.

Entwicklung des Gehirns

In der dritten Woche nach der Empfängnis faltet sich die dünne Zellschicht des Ektoderms einwärts zu einem flüssigkeitsgefüllten Zylinder, dem so genannten Neuralrohr, und verschließt diesen etwas später. Aus dem Neuralrohr entstehen das Gehirn und das Rückenmark. In ihm wandern die in einem rasanten Tempo entstehenden Nervenzellen zu ihrem jeweiligen Bestimmungsort, wobei sie sich an radial ausgerichteten Gliazellen orientieren. An ihrem Bestimmungsort stellen sie sich dann in Reihen und Schichten auf. So entstehen in der 4. bis 6. Lebenswoche Verdickungen, die drei Hirnbläschen, aus denen sich die Gehirnabschnitte entwickeln. Zugleich verteilen sich Neuronen längs des Neuralrohrs, verästeln sich im übrigen Embryo und bilden so langsam das zentrale Nervensystem aus. In der 10. Woche sieht das Gehirn ähnlich wie eine zusammengekrümmte Eidechse aus; das Rückenmark ist bereits gut ausgebildet.

In den kommenden Lebenswochen werden weiterhin neue Neuronen – etwa 250.000 pro Minute – in der Mitte des Gehirns produziert und wandern von dort zu ihrem Bestimmungsort. Eine Unmenge von Nervenzellen wird aber auch wieder abgebaut. Bis zur 15. Lebenswoche bilden sich Klein- und Mittelhirn sowie der Balken aus. Die beiden Großhirnhälften wachsen rasant (vor allem nach hinten), verdicken sich nach außen und bilden die ersten Furchen aus. Haben die meisten Nervenzellen ihre endgültige Position erreicht, sind alle wichtigen Gehirnstrukturen ausgebildet. Erst dann bilden die Neuronen Axone und Dendriten aus, wobei an der Entstehung der Synapsen Gliazellen beteiligt sind. Eine weitere wichtige Entwicklung im frühkindlichen Gehirnwachstum ist die Ausbildung der Myelinscheide, welche die Axone isoliert. Dieser Prozess setzt im Gehirn erst kurz vor der Geburt ein und reicht bis in das zweite Lebensjahr.

Schon im Mutterleib nimmt das Gehirn Informationen auf und verarbeitet diese. Beispielsweise reagiert der Fötus ab der 19. Woche auf Schmerz; ein Schmerzbewusstsein tritt rudimentär aber erst nach der 28. Woche auf. Der Fötus kann ab der 26. Woche hören, ab der 29. Woche schmecken und ab der 32. Woche sehen; dann können auch Schlafphasen inklusive REM-Schlaf beobachtet werden. Um diese Zeit herum bildet sich eine Art Kurzzeitgedächtnis aus, in dem z.B. wiederkehrende, zunächst erschreckende Töne abgespeichert werden. Dann scheint es auch schon ein rudimentäres Bewusstsein zu geben. Ab der 35. Woche nimmt der Fötus die Stimme und Sprache seiner Eltern wahr – dies könnte das spätere Erlernen der Muttersprache beeinflussen.

Bei der Geburt enthält das Gehirn eines Säuglings rund 100 Milliarden Neuronen, die gleiche Anzahl wie beim Erwachsenen. Die Nervenzellen des Neugeborenen sind aber noch nicht voll ausgebildet und wenig vernetzt. Ein Neuron hat durchschnittlich nur 2.500 Synapsen; bei Kleinkindern sind es hingegen bis zu 15.000. Auch bewegen sich Nervenimpulse viel langsamer: Die neurale Geschwindigkeit nimmt zwischen Geburt und Adoleszenz um das Sechzehnfache zu – (Klein-) Kinder verfügen noch über zu viele mögliche Leitungsbahnen, was Erregungen länger „fließen" lässt. Somit ist das Gehirn zum Zeitpunkt der Geburt immer noch recht unreif; lediglich ein Grundgerüst wurde angelegt. In der Regel ist die rechte Hemisphäre etwas weiter entwickelt als die linke. Nur der Hirnstamm – die Region, die Vitalfunktionen wie Herzschlag und Atmung kontrolliert – ist bereits komplett verschaltet.

Kommt ein Baby zur Welt, kann es sehen, hören und auf Berührungen reagieren. Zunächst überwiegen Reflexe wie z.B. das Saugen und Schlucken. Auch wird der ganze Körper genutzt, um Bedürfnisse wie Hunger oder Gefühle wie Angst zum Ausdruck zu bringen. Von nun an verläuft die Gehirnentwicklung in starker Abhängigkeit von der natürlichen, sozialen und kulturellen Umwelt, wie sie zunächst über die Sinne wahrgenommen und einige Zeit später motorisch erkundet wird.

Bedingt durch die Unmenge der Wahrnehmungen und Erfahrungen nimmt die Zahl der Synapsen in den ersten drei Lebensjahren rasant zu. Mit zwei Jahren entspricht die Menge der Synapsen derjenigen von Erwachsenen; mit drei Jahren hat ein Kind mit 200 Billionen Synapsen bereits doppelt so viele. Außerdem enthalten die Gehirne von (Klein-) Kindern größere Mengen von Neurotransmittern.

Das Gehirn eines Dreijährigen ist mehr als doppelt so aktiv wie das eines Erwachsenen und hat somit auch einen fast doppelt so hohen Glukoseverbrauch. Bis zu 50% des täglichen Kalorienbedarfs wird für das Gehirn benötigt; bei Erwachsenen sind es nur rund 18%. Ferner verbraucht das Gehirn 20 bis 25% des vom Körper aufgenommenen Sauerstoffs.

Verbunden mit dem rasanten Wachstum von Synapsen ist eine rasche Gewichtszunahme des Gehirns: von 300 g bei der Geburt über 750 g am Ende des 1. Lebensjahrs bis 1.300 g im 5. Lebensjahr. In der Pubertät wird schließlich das Endgewicht erreicht. Die im dritten Lebensjahr erreichte Anzahl von Synapsen bleibt bis zum Ende des ersten Lebensjahrzehnts relativ konstant. Bis zum Jugendalter wird dann rund die Hälfte der Synapsen wieder abgebaut, bis die für Erwachsene typische Anzahl von 100 Billionen erreicht wird.

Die Ausbildung von doppelt so vielen Synapsen wie letztlich benötigt ist ein Zeichen für die große Plastizität des Gehirns – und die enorme Lern- und Anpassungsfähigkeit des Säuglings bzw. Kleinkinds. Das Neugeborene fängt geistig praktisch bei null an: Abgesehen von ein paar angeborenen Verhaltensweisen ist es weitgehend auf Wahrnehmung und Reaktion beschränkt. Die Regionen des Gehirns, die später für komplexe Funktionen wie Sprechen oder Denken zuständig sind, liegen weitgehend brach. Aber das ist genau die große Chance des Menschen: Der Neugeborene ist praktisch für ganz unterschiedliche Kulturen und Milieus offen – für einen Indianerstamm bestehend aus Jägern und Sammlern in den Tiefen der Dschungel Brasiliens, für eine Bauern- und Hirtengemeinschaft in Westafrika wie auch für eine hoch technisierte Wissensgesellschaft in Westeuropa oder Ostasien. Die Überproduktion von Synapsen in den ersten wenigen Lebensjahren ermöglicht das schnelle Erlernen ganz unterschiedlicher Verhaltensweisen, Sprachen, Lebensstile usw.

Ein großer Teil der weiteren Gehirnentwicklung bei Kindern besteht dann darin, die für ihre Lebenswelt nicht relevanten Synapsen abzubauen und die benötigten Bahnen zwischen Neuronen zu intensivieren. So bestimmt letztlich die Umwelt – das in ihr Erfahrene, Gelernte, Erlebte, Aufgenommene – zu einem großen Teil die Struktur des Gehirns.

Die skizzierte Entwicklung setzt sich dann bis zum Tode des Menschen fort: Nicht benötigte Synapsen werden eliminiert, häufig benutzte verstärkt. Zugleich werden aber immer wieder neue Synapsen gebildet, insbesondere im Rahmen von Gedächtnisprozessen. Erst seit wenigen Jahren ist bekannt, dass bis in das hohe Alter hinein auch neue Neuronen entstehen.

Die Überproduktion und Selektion von Synapsen erfolgen in verschiedenen Regionen des Gehirns mit unterschiedlicher Geschwindigkeit und Intensität; sie erreichen ihren Höhepunkt zu jeweils anderen Zeiten. Beispielsweise wird im Hinterhauptlappen, der für die visuelle Wahrnehmung zuständig ist, die höchste Dichte von Synapsen schon in den ersten Lebensmonaten erreicht. Hingegen ist das Wachstum im Stirnlappen (Denken, Planen, Urteilsvermögen, Aufmerksamkeit) zwischen dem 3. und 6. Lebensjahr am größten.

In diesem Zusammenhang wird oft von Entwicklungsfenstern oder kritischen Phasen gesprochen, in denen das Gehirn für bestimmte Lernerfahrungen besonders empfänglich sei, da dann die relevanten Synapsen ausgewählt und miteinander verknüpft – also die entsprechenden Regionen des Gehirns strukturiert – würden. Werden diese Entwicklungsfenster verpasst, könnte ein Kind im jeweiligen Bereich kaum noch dieselbe Leistungsfähigkeit erreichen wie andere.

Beispielsweise dauert die sensible Phase für den Spracherwerb bis zum 6. oder 7. Lebensjahr. Das Baby kann schon alle Laute jeder Sprache dieser Welt unterscheiden, das Kleinkind alle Phoneme korrekt nachsprechen. Innerhalb weniger Lebensjahre werden die Synapsen eliminiert, die diese Leistung ermöglichen, aber nicht benötigt werden, da sich das Kind in der Regel ja nur eine Sprache mit einer sehr begrenzten Zahl von Phonemen aneignet. Deshalb kann ab dem Schulalter, insbesondere ab der Pubertät, eine neue Sprache nicht mehr perfekt erlernt werden.

Dieses Beispiel verdeutlicht aber auch, dass das Konzept der kritischen Phasen nicht überbetont werden darf: Sonst wird im jeweiligen Bereich die Lernfähigkeit des Menschen unterschätzt – das Schulkind oder der Erwachsene kann eben doch eine zweite, dritte oder vierte Sprache lernen, wenn auch zumeist nur mit einem (leichten) Akzent. Allerdings fällt das Erlernen bestimmter Kompetenzen (neben der Sprache z.B. auch der räumlichen Wahrnehmung oder des Musikverständnisses) während der jeweiligen sensiblen Phase leichter.

Wichtige Stufen der weiteren Gehirnentwicklung sind beispielsweise:

- Im Alter von ein bis zwei Jahren kommt es zu einer sprunghaften Zunahme der Verbindungen zwischen beiden Hirnhälften. Der dadurch verbesserte Informationsaustausch liefert die Basis für die Sprachexplosion und die Koordination der rechten und linken Körperseite.

- Erst ab dem Alter von drei, vier Jahren kann auf das Gedächtnis zurückgegriffen werden. Erfahrungen und Erlebnisse aus den ersten Lebensjahren können noch nicht so in das Langzeitgedächtnis abgespeichert werden, dass sie auch wieder aufgerufen werden können. So gibt es keine Erinnerungen an die ersten drei Lebensjahre (infantile Amnesie) und nur wenige an das 4., 5. und 6. Lebensjahr.

- Etwa ab vier Jahren verbessert sich die Kommunikation zwischen linker und rechter Hirnhälfte. Dies ermöglicht die Integration der analytischen und der intuitiven Seite des Kindes. Es wirkt klüger, kann nun zwischen Schein und Wirklichkeit unterscheiden, erkennt die Andersartigkeit der Gedanken und Beweggründe anderer Menschen und kann sich in Rollen hineinversetzen.

- Mit sechs Jahren beginnt eine neue Phase intellektueller Reife: Da sich das Kind zunehmend selbst beherrschen, die eigenen Gefühle kontrollieren und die Bedürfnisbefriedigung herausschieben kann, kann es sich besser konzentrieren und zielgerichtet lernen. Die zunehmende Reife des Stirnlappens erleichtert logisches Denken, Urteilsfähigkeit, Rechnen und „vernünftiges" Verhalten.

- Bei sechs- bis zwölfjährigen Kindern vermehrt sich die graue Gehirnsubstanz auch stark in den hinteren Hirnregionen: Die sprachlichen Fähigkeiten und das räumliche Vorstellungsvermögen werden besser.

Ab dem 10. Lebensjahr gewinnt dann das Prinzip des „use it or loose it" (benutze es oder verliere es) eine überragende Bedeutung: Das Gehirn wird optimiert, d.h. diejenigen Synapsen, die häufig gebraucht werden, bleiben erhalten; die anderen werden eliminiert. Die Struktur des Gehirns spiegelt zunehmend die vorherrschenden Aktivitäten und Beschäftigungen des jeweiligen Menschen wider. Bald sind auch Persönlichkeit und Charakter weitgehend ausgeprägt.

Während in den ersten zehn Lebensjahren das Lernen leicht und sehr schnell vonstattengeht – vor allem wenn es in die jeweiligen sensiblen Phasen fällt –, verlangt es in den folgenden Jahren mehr Anstrengung. Es gibt immer weniger überzählige, unbenutzte Synapsen; die Bahnen, in denen der Jugendliche oder Erwachsene denkt, sind in der Kindheit bereits grob festgelegt worden. Gänzlich neue Verbindungen zwischen Neuronen werden eher selten hergestellt. Das Gehirn hat eine bestimmte Struktur ausgebildet, von deren Art abhängt, in welchen Bereichen das Lernen leichter oder schwerer fällt. Ist z.B. ein Kind bilingual aufgewachsen, eignet es sich schneller eine dritte oder vierte Sprache an; hat es bereits im Kleinkindalter musiziert, wird es eher im Musikunterricht brillieren.

Je vielfältiger und breiter die in der Kindheit ausgeprägte Struktur des Gehirns ist, umso mehr Bereiche gibt es, in denen der Jugendliche oder Erwachsene Fortschritte machen kann. Deshalb können Wissenschaftler schon bei Acht- bis Zehnjährigen die weitere schulische Laufbahn relativ verlässlich voraussagen, nachdem sie sich einen Eindruck von deren Leistungsfähigkeit und sozialen Anpassung sowie von der Qualität der Familienerziehung und vorschulischen Betreuung verschafft haben.

Erfolgreiches Lernen in späteren Lebensabschnitten setzt ferner voraus, dass man das Lernen gelernt hat. Dies ist dann der Fall, wenn Kinder erfahren haben, wie man Lernen plant und selbst überwacht, wie man sich Wissen aneignet und überprüft, welche Lernstrategien erfolgversprechend sind, wo die eigenen Stärken und Schwächen liegen, wie man das Gelernte durchdenkt und erinnert. Sie wissen somit, dass Lernen Sich-Anstrengen bedeutet, und haben Lern- und Leistungsmotivation entwickelt.

Individuelle Unterschiede

Die vorangegangenen Abschnitte haben schon deutlich gemacht, wie stark die Gehirnentwicklung durch das Lernen geprägt wird – sie ist ein Prozess, der von Erbe und Umwelt gleichermaßen bestimmt wird. Rund 60% aller menschlichen Gene wirken auf die Gehirnentwicklung ein. Der IQ ist aber nur zu etwa 50% genetisch bedingt, der Schulerfolg sogar nur zu 20% (Eliot 2001). Das verdeutlicht den großen Einfluss insbesondere der familialen Umwelt.

Die Umgebung wirkt schon vor der Geburt auf die Gehirnentwicklung ein, insbesondere über den Körper der Mutter: Negative Einflussfaktoren während der Schwangerschaft sind beispielsweise Stress, Fehlernährung, Rauchen, Alkohol-, Medikamenten- bzw. Drogenmissbrauch oder der Umgang mit giftigen Substanzen am Arbeitsplatz. Nach der Geburt wird die Gehirnentwicklung z.B. durch längere Krankenhausaufenthalte oder Heimunterbringung gehemmt, da dann die Säuglinge bzw. Kleinkinder zu wenig Stimulierung erfahren. Dasselbe gilt für den Fall, dass die Mutter depressiv ist oder die Eltern ihr Kind vernachlässigen. Einen negativen Effekt können ferner frühkindliche Traumata oder Misshandlungen haben.

Frühgeborene, die vor der 32. Lebenswoche entbunden wurden oder ein Geburtsgewicht von weniger als 1.500 g hatten, haben in der Regel nicht nur einen unterdurchschnittlichen IQ, sondern oft auch eingeschränkte „exekutive" Funktionen, können also beispielsweise nicht so gut Ziele setzen, planen oder das eigene Verhalten kontrollieren. Das mag daran liegen, dass ihr Gehirn im Brutkasten nicht so gut versorgt wurde wie im Uterus. So mag es zu viel oder zu wenig Sauerstoff bekommen haben, ist das Risiko von Gehirnblutungen und -infektionen höher. Viele Frühgeborene erbringen deshalb schlechtere Schulleistungen oder benötigen aufgrund von Lernbehinderungen eine besondere Förderung.

Eine positive Wirkung wird hingegen beispielsweise dem Stillen zugesprochen, da hier das Gehirn besonders gut mit Vitaminen, Mineralien und Spurenelementen versorgt wird. So schnitten gestillte Kinder beim IQ-Test mit acht Jahren um durchschnittlich acht Punkte besser ab – der Vorsprung war umso größer, je länger sie gestillt worden waren (Eliot 2001). Aber auch in der (Klein-) Kindheit ist eine gesunde, vitamin- und mineralstoffreiche Ernährung für die Gehirnentwicklung förderlich.

Von besonderer Bedeutung ist eine sichere Eltern-Kind-Bindung. Die Stimulierung und damit das Lernen sind viel intensiver, wenn Mutter und Vater sich engagiert um den Säugling bzw. das Kleinkind kümmern, warm und empathisch reagieren, es liebkosen und trösten. Zugleich erlebt das Kind weniger Stress (bei dem das für die Gehirnentwicklung schädliche Cortisol ausgeschüttet wird), wird es resilienter und lernt besser, die eigenen Affekte und Emotionen zu kontrollieren.

Sehr positiv wirkt sich aus, wenn Kinder in einer besonders anregungsreichen (familialen) Umwelt aufwachsen, in der sie viele unterschiedliche Lernerfahrungen machen. Werden ihre Neugier, ihr Forschungsdrang und ihr Verständnis von der Welt (auch durch das Beantworten ihrer vielen Fragen!) gefördert, können sie viel selbst ausprobieren und mit (Alltags-) Gegenständen experimentieren, werden sie mit immer neuen Herausforderungen konfrontiert, können sie Aufgaben selbständig lösen und ihr Wissen weitergeben (z.B. an jüngere Geschwister: Lernen durch Lehren) bzw. immer wieder einsetzen (Lernen durch Wiederholung) – dann entwickeln sie ein stärker strukturiertes Gehirn mit größeren Neuronen und mehr Synapsen. Je schwieriger und komplexer die Aufgaben sind, die ihnen in ihrer (Familien-) Umwelt gestellt werden, umso mehr Gehirnregionen werden aktiviert, umso mehr Verbindungen zwischen Neuronen werden ausgebildet.

Offensichtlich ist, dass es große Unterschiede zwischen Familien hinsichtlich des Grades der Stimulierung gibt, die Kinder erfahren – und das erklärt teilweise, wieso der Schulerfolg so stark von der familialen Umwelt abhängt (s.o.). Hinzu kommt, dass in Familien auch in unterschiedlichem Maße Eigenschaften wie Lern- und Leistungsmotivation, Ehrgeiz, Selbstdisziplin, Selbstvertrauen, Konzentrationsfähigkeit usw. oder schulisch relevante Interessen – z.b. am Lesen, am Beherrschen von Fremdsprachen, an mathematisch-naturwissenschaftlichen und technischen Themen – gefördert werden.

Natürlich wirkt sich auch die Qualität der Schule auf die Gehirnentwicklung aus. Es spielt sogar eine Rolle, ob man mit mehr älteren oder mehr jüngeren Kindern in einer Klasse zusammen ist – in ersterem Fall ist die kognitive Stimulierung größer. So schneidet z.b. ein junger Fünftklässler bei IQ-Tests im Durchschnitt um einen oder zwei Punkte schlechter ab als seine älteren Klassenkameraden, aber um rund fünf Punkte besser als gleich alte Viertklässler (Eliot 2001).

Interessant ist auch folgendes Forschungsergebnis: Im Durchschnitt erzielen Erstgeborene bei Intelligenz- und Schulleistungstests bessere Ergebnisse als ihre jüngeren Geschwister – Letztere schneiden umso schlechter ab, je weiter unten in der Geschwisterfolge sie sind (ein Viertgeborener also schlechter als ein Drittgeborener) und je kürzer der Geburtenabstand zum älteren Geschwisterteil ist (a.a.O.). Hier wirken zwei bereits beschriebene Einflussfaktoren zusammen: Zum einen erfahren Erstgeborene während der ersten Lebensjahre mehr Aufmerksamkeit und Stimulierung als ihre Geschwister, wird mit ihnen mehr interagiert. Zum anderen profitieren sie vom „Lernen durch Lehren": Ihr Wissen und ihre Fähigkeiten werden gefestigt, wenn sie ihren jüngeren Geschwistern etwas beibringen. Zugleich werden Selbstvertrauen und Selbstbewusstsein gestärkt. Dies fördert ihre Entwicklung so stark, dass sie bei Tests sogar besser als Einzelkinder abschneiden, obwohl diese die ungeteilte Zuwendung ihrer Eltern genießen.

Individuelle Unterschiede gibt es auch zwischen den Geschlechtern: Mädchen greifen bei verbalen Tätigkeiten eher auf beide Gehirnhälften zurück. Sie fangen früher mit dem Sprechen an, sind sprachbegabter und schneiden dementsprechend besser ab bei verbal ausgerichteten Intelligenztests und bei Untersuchungen über das

Lesen und Schreiben sowie hinsichtlich des assoziativen Gedächtnisses und der Wahrnehmungsgeschwindigkeit. Jungen zeigen hingegen bessere Leistungen bei nicht verbalen IQ-Tests, im Rechnen, hinsichtlich des naturwissenschaftlichen und technischen Verständnisses und bei visuell-räumlichen Analysen (z.B. räumliches Rotieren, Erkennen verborgener geometrischer Figuren). Diese Unterschiede zwischen den Geschlechtern sind jedoch relativ schwach ausgeprägt. Allerdings variiert bei Jungen die geistige Leistungsfähigkeit stärker: Einerseits erzielen sie häufiger Spitzenleistungen, andererseits sind sie öfters lernbehindert.

Ansonsten kann man auch bei Unterschieden zwischen Jungen und Mädchen davon ausgehen, dass sie zum Teil genetisch bedingt sind und zum Teil durch geschlechtsspezifische Erziehung, Geschlechtsrollenleitbilder, Vorbilder (z.B. Filmstars oder Sportler) und Medien hervorgerufen werden. Außerdem scheint das Spielverhalten von Bedeutung zu sein: Beispielsweise beschäftigen sich Jungen mehr mit Bauklötzen, Fußballspiel, Konstruktionsmaterial und Computerspielen, was die visuell-räumliche Koordination und das technische Verständnis fördert. Puppen- und Rollenspiele, die von Mädchen bevorzugt werden, wirken sich hingegen auf die sprachliche und soziale Entwicklung positiv aus.

Entwicklungspsychologische Erkenntnisse[2]

Jeder, der sich ein wenig mit Pädagogik und/oder Psychologie befasst hat, weiß, dass die skizzierten Erkenntnisse der Hirnforscher nicht gerade „neu" sind. Aus der Entwicklungspsychologie liegen sogar viel mehr Forschungsergebnisse über die frühkindliche Entwicklung vor als aus der Hirnforschung. Es ist den Psycholog/innen aber nur ansatzweise gelungen, diese in die Öffentlichkeit zu transportieren oder gar für die Bildungspolitik relevant zu machen. Im

---

[2] Dieses und die beiden folgenden Unterkapitel sind eine leicht bearbeitete Fassung meines Artikels in KiTa aktuell BY 2005, Heft 4, S. 76-78. Mit Genehmigung des Wolters Kluwer Verlages.

Folgenden sollen nun einige Erkenntnisse über die kognitive Entwicklung von Kleinkindern vorgestellt werden.

Jedes Kind konstruiert sein Wissen selbst, zunächst sprachfrei und dann – mit zunehmendem Spracherwerb – durch die Benennung schon ausgebildeter kognitiver Schemata und Objekte. Dabei spielen sowohl biologische Faktoren (z.b. Reifung des Gehirns) als auch soziale (z.b. kognitive Anregungen durch die Eltern, Kommunikation mit ihnen) eine Rolle. Das komplexe Zusammenwirken mit intrapsychischen Faktoren (z.b. Wahrnehmung, Interessen, Begriffsverständnis, Rollenübernahme) bedingt, dass die kognitive Entwicklung bei jedem Kind etwas anders verläuft, dass es beispielsweise in einzelnen Bereichen (Domänen) mehr Wissen erwirbt als in anderen bzw. als die meisten Gleichaltrigen.

Immer aber werden Denken und Sprechen zu einer untrennbaren Einheit. Die Kinder erlernen die Bedeutung von Wörtern und differenzieren Begriffe immer weiter aus (Semantik). Sie eignen sich grammatikalische Strukturen und den richtige Satzbau an (Syntax). Und sie lernen, Sprache intrapsychisch zum Nachdenken und interpersonal zur Kommunikation mit anderen einzusetzen (Pragmatik). Letzteres ist auch wichtig, um sich mit anderen über Wahrnehmungen, Bedürfnisse, Überzeugungen usw. austauschen und von ihnen lernen zu können.

Einerseits ermöglicht dies dem Kind, Wissen über unsere Welt zu erwerben. Es muss sich aber nicht nur die „richtigen" Begriffe für die verschiedenen Objekte, Prozesse und Ereignisse aneignen, sondern auch die Annahmen darüber, „warum die Welt so ist, wie sie ist" (Sodian 2002, S. 444). Das Kind muss also nicht nur Begriffe wie „Licht" und „Lichtschalter" lernen und zwischen „elektrischem Licht" und „Sonnenlicht" differenzieren können, sondern es muss auch erkennen, dass man mit Hilfe des Lichtschalters das elektrische Licht einschaltet, wieso dies der Fall ist und weshalb man das Sonnenlicht nicht auf dieselbe Weise beherrschen kann. Es muss also auch über Erklärungen für kausale Relationen und für Assoziationen zwischen Merkmalen verfügen und Vorhersagen machen können.

Andererseits erwirbt das Kind in der Kommunikation mit anderen bzw. mit Hilfe der Sprache eine Art „Alltagspsychologie" – Wissen über sich selbst und die Mitmenschen. Es lernt, eigene mentale Zustände wie Bedürfnisse, Gedanken, Intentionen, Gefühle, Überzeugungen usw. zu erkennen und zu benennen sowie mentale Zustände bei anderen Menschen aus deren Handlungen und zunehmend aus deren Aussagen zu erschließen. Das Kind entdeckt somit die verschiedenen Prozesse, die im Innern von Menschen ablaufen (können), und zunehmend auch deren Zusammenhang (z.b. dass aus dem Bedürfnis „Hunger" die Intention „Essen wollen" folgt und dass durch die daraus resultierende Handlung „Essen" dieses Bedürfnis befriedigt wird und das Gefühl „satt sein" entsteht). So kann es immer besser menschliches Verhalten erklären und voraussagen.

Das Kind erwirbt sein „Weltwissen" und seine Alltagspsychologie weitgehend in der Kommunikation mit anderen: Es äußert seine Beobachtungen und Vermutungen, sodass diese diskutiert werden können. Es stellt Fragen, damit es zusätzliche Informationen erhält. Es antwortet auf Fragen, sodass der Grad des erreichten Verständnisses deutlich wird. Aufgrund dieser großen Bedeutung der Gesprächspartner wird heute davon gesprochen, dass kindliches Wissen „ko-konstruiert" wird.

Denken im Kindergartenalter

Ein Kind, das in den Kindergarten kommt, hat bereits eine rasante Entwicklung im kognitiven Bereich hinter sich. Vorsprachlich denkend hat es als Baby seine Umwelt beobachtet und Erfahrungen mit den für es erreichbaren Dingen gesammelt. Gegen Ende des ersten Lebensjahres hat es schon erste Kategorien gebildet und begriffliches Wissen erworben. Dank der so genannten „Wortschatzexplosion" haben sich im 2. Lebensjahr seine sprachlichen Kompetenzen stark verbessert.

Während der Kindergartenzeit setzt sich die rasche Entwicklung im kognitiven Bereich fort. Dies wird durch die zunehmende Sprachbeherrschung und den wachsenden Wortschatz erleichtert – zwischen dem 3. und 6. Lebensjahr lernt das Kind rund neun neue Wörter pro Tag. Am Ende der Vorschulzeit verfügen Kinder im Schnitt dann über einen aktiven Wortschatz von 2.500 und einen passiven Wortschatz von ca. 13.000 Wörtern. Auch werden die Sätze länger und komplexer.

Ferner ändern sich die Inhalte von Begriffen, indem ihnen beispielsweise mehr Gegenstände oder Phänomene zugeordnet werden (z.b.: auch ein Schmetterling ist ein Insekt) oder indem sie weiter ausdifferenziert werden (z.b.: in die Kategorie „Hunde" gehören Dackel, Pinscher, Doggen usw.). Zunehmend werden Konzepte für Nichtbeobachtbares entwickelt, beispielsweise über das Innere von Tieren oder das Funktionieren von Maschinen. Aber noch treten Unsicherheiten bei der Verwendung von Begriffen auf, insbesondere wenn scheinbar typische Merkmale fehlen (z.b. wird ein Kleinkind nicht ohne weiteres akzeptieren, dass eine jung wirkende, voll erwerbstätige Frau eine „Oma" ist).

Kindergartenkinder sind sehr neugierig, erkunden selbsttätig ihre Umwelt und stellen viele Fragen. So nimmt ihr Wissen schnell zu, wobei sich aufgrund individueller Interessen schon Schwerpunkte bilden: Beispielsweise wird ein an Dinosauriern interessiertes Kind bei weitem mehr Informationen über sie sammeln als desinteressierte Kinder – sofern ihm andere (erwachsene) Menschen entsprechendes Wissen zur Verfügung stellen, also mit ihm über Dinosaurier sprechen, ihm (Bilder-) Bücher besorgen oder mit ihm naturkundliche Museen besuchen.

Schon bei Kleinkindern ist das Wissen domänenspezifisch organisiert, also nach Gebieten strukturiert, die Erwachsene z.B. als „Physik", „Biologie" oder „Psychologie" bezeichnen würden. Begriffe und Informationen werden nicht „wirr" oder unzusammenhängend in diesen Domänen „abgelegt", sondern in intuitive Theorien eingefügt. So schreibt Gardner (2004) über fünf- bis sechsjährige Kinder: „Durch die normale aktive Erforschung der Welt erreichen sie, was wir intuitive Arten des Verständnisses der Welt genannt haben. Kleine Kinder bringen es fertig, über die Objekte, Ereignisse und Personen ihrer Umwelt auf logisch zusammenhängende Weise nachzudenken... In der Welt der physikalischen Objekte haben sie sich eine Theorie der Materie zurechtgebastelt; in der Welt der lebenden Organismen haben sie eine Theorie des Lebens entwickelt; und in der Welt der Menschen haben sie eine Theorie des Denkens entworfen, in der eine Theorie des Selbst enthalten ist" (S. 111). Aus neueren entwicklungspsychologischen Forschungsergebnissen ist zu schließen, dass sich diese domänenspezifisch organisierten Theorien bereits auf einem hohen Niveau befinden. Sie ähneln laut Sodian (2002) wissenschaftlichen Theorien: „Intuitive wie wissenschaftliche Theorien sind gekennzeichnet durch einen Phänomenbereich, ein System von Kernbegriffen sowie ein System von Erklärungsprinzipien" (S. 449).

Während man früher nach fundamentalen Unterschieden zwischen (Klein-) Kindern und Erwachsenen hinsichtlich des Verständnisses von Begriffen suchte, interessieren sich Entwicklungspsychologen heute mehr für domänenspezifische Begriffssysteme und deren Veränderung im Laufe der Zeit. So wird die kognitive Entwicklung als Prozess des Erwerbs von Expertise über die verschiedenen Domänen hinweg verstanden, wobei der Fortschritt in der jeweiligen Domäne von der Verfügbarkeit entsprechenden Wissens, der Gelegenheit zum Üben und natürlich den allgemeinen Informationsverarbeitungsfähigkeiten abhängt. Neuer Input und neue Erfahrungen führen zu einer Evaluation und eventuell zu einer Revision von (Kern-) Begriffen und Erklärungsprinzipien in der jeweiligen intuitiven Theorie. Zumeist kommt es zu einer graduellen Bereicherung vorhandenen Wissens, manchmal aber auch zu radikalen Restrukturierungen (z.B. wenn im Grundschulalter eine rein biologische aus der frühkindlichen biologisch-psychologischen Domäne ausgegrenzt wird). So können die Kinder auf immer mehr Vorwissen zurückgreifen. Die intuitiven Theorien werden dementsprechend mit zunehmendem Alter komplexer und entsprechen dann immer mehr der Realität – bzw. wissenschaftlichen Theorien.

Parallel zur Ausbildung von Domänen entwickelt sich das Langzeitgedächtnis. Vor der Kindergartenzeit vergessen Kinder sehr schnell und erinnern wenig – auch kaum sie selbst betreffende Lebensereignisse (infantile Amnesie). Dies ändert sich mit drei oder vier Jahren. Dann bildet sich auch ein autobiographisches Gedächtnis heraus und damit die Identität, die auf Vorstellungen von geistiger Kontinuität, der Einzigartigkeit der eigenen Erfahrungen und von Individualität beruht.

Generell behalten Kindergartenkinder Informationen besser, wenn z.B. mehrfach über das jeweilige Thema gesprochen wurde, wenn

Phänomene nach einem ähnlichen Schema ablaufen oder wenn Ereignisse persönlich relevant bzw. emotional bedeutsam sind. Allerdings wissen sie erst wenig über das Gedächtnis und können Gedächtnisprozesse nur sehr begrenzt überwachen und regulieren. Auch lassen sie sich hinsichtlich ihrer Gedächtnisleistung noch durch Suggestivfragen verwirren und zeigen wenig intentionales Memorierverhalten (z.B. wiederholen sie noch nicht etwas absichtlich, um es besser zu behalten, machen sie noch keine konzentrierten Erinnerungsversuche).

Mit etwa 18 Monaten werden die „Als-ob-Spiele" entdeckt, bei denen Kinder etwas vortäuschen und verstehen, dass sich auch ihre Spielpartner verstellen. So können sie sich an deren Verhalten anpassen und ihre Rolle übernehmen. Diese Spiele sind bei Drei- und Vierjährigen bereits sehr vielschichtig und kompliziert; sie beanspruchen einen großen Teil der Freispiels. Die Kinder übernehmen immer neue Rollen, gestalten diese weiter aus und agieren komplexe Szenarien an fantasierten Orten aus. So entwickeln sie die Fähigkeit, etwas symbolisch zu repräsentieren (z.B. im Spiel einen Bauklotz als „Brot" einzusetzen), ohne dass Vorstellung und Realität durcheinander gebracht werden. Sie können also zwischen einem Objekt (z.B. einer Tasse) und dem mentalen Bild desselben unterscheiden (z.B. dass sie eine mental repräsentierte Tasse ohne Anfassen umdrehen können).

Im 3. Lebensjahr nimmt der auf Gefühle bezogene Wortschatz stark zu. Je mehr in Familie und Kindergarten über Bedürfnisse und Emotionen gesprochen wird, umso größer wird das Verständnis des Kindes. Es kann nun im Rollenspiel Gefühle vortäuschen oder z.B. einer Puppe zusprechen. Aber erst mit sechs Jahren kann es zwischen realer und scheinbarer Emotion unterscheiden, weiß also, dass sich Menschen verstellen können, dass der Gesichtsausdruck einer Person nicht immer ihre wahren Gefühle widerspiegelt.

Ferner werden die Problemlösefertigkeiten des Kindes immer besser. Es kann nun über nicht vorhandene bzw. hypothetische Situationen nachdenken, also z.B. mögliche Folgen eines denkbaren Problemlöseversuchs oder einer Verhaltensweise antizipieren. Das heißt, es kann planen, bevor es handelt. Auch kann es seine Handlungsziele mit den -ergebnissen in Beziehung setzen, also aus Erfahrung lernen.

Das Kind entwickelt verschiedene Problemlösestrategien und kann zwischen ihnen wechseln, falls sich eine in der jeweiligen Situation nicht bewährt. Es hat aber noch Schwierigkeiten, Strategien zu optimieren. Auch kann es erst ansatzweise schlussfolgernd denken (z.B.: „Etwas, was so ähnlich aussieht wie etwas Bekanntes, wird sich auch so ähnlich verhalten").

Das Kind beschäftigt sich nun gedanklich weniger mit der dinglichen Welt und mehr mit den anderen Menschen. Dabei wird es sich mehr und mehr nicht beobachtbarer Prozesse bewusst: Es entdeckt die eigenen Bedürfnisse und Gefühle sowie die anderer Menschen und beginnt, über sie zu sprechen. Das Kind erkennt, dass Bedürfnisse zu Handlungen führen, dass sich solche intentionalen Handlungen von zufälligen unterscheiden und dass Aktionen Emotionen hervorrufen können. Zugleich wird die Selbstkontrolle besser, da es zwischen Bedürfnis und Intention bzw. Handlung unterscheiden und somit die Bedürfnisbefriedigung aufschieben kann. Das Kind beginnt, seinen eigenen Willen wahrzunehmen und darüber zu sprechen. Zunehmend zieht es aus der Mimik und Gestik anderer Menschen Rückschlüsse auf deren Gefühle und berücksichtigt diese bei seinen Reaktionen (z.B. im Spiel). So entwickelt es ein Bewusstsein für die eigenen mentalen Zustände und die anderer Personen.

Entwicklung einer Theorie des Denkens

Im Alter von vier bis fünf Jahren erreichen Kinder ein relativ vollständiges Verständnis mentaler Repräsentationen und Prozesse – sie entwickeln eine Theorie über das Denken. Das heißt, sie erkennen, dass sich beim Denken etwas im Kopf „abspielt", also dass z.B. Informationen abgespeichert und Situationen interpretiert werden. Sie interessieren sich für den Ursprung von Wissen („Woher weißt du das?") und können erklären, wie sie Wissen erworben haben (z.B. durch Betasten oder Beobachten). Ferner erkennen die Kinder, dass Gedanken, Träume und Erinnerungen nicht wirklich, sondern mentale Gebilde sind. Sie können im Gegensatz zu Dreijährigen nun eindeutig zwischen Realität und Fantasie unterscheiden (z.B. haben sie im Als-ob-Spiel nicht mehr Angst vor „Monstern").

Vier- bis fünfjährige Kinder erkennen auch, dass man über die verschiedenen Sinne zu unterschiedlichen Informationen gelangt und dass ein Wechsel des Blickwinkels oft andere Seiten eines Gegenstands enthüllt. So wird ihnen bewusst, dass Menschen oft dieselbe Angelegenheit andersartig sehen, dass also „beim Denken Situationen interpretiert werden und dass unterschiedliche Personen unterschiedliche Interpretationen hervorbringen können" (Astington 2000, S. 119). Die Kinder entwickeln Empathie, da sie sich nun in andere Menschen hineinversetzen und von deren Standpunkt aus über etwas nachdenken oder deren Empfindungen nachvollziehen können. Der Egozentrismus wird langsam geringer; altruistisches Handeln wird möglich (z.B. Trösten eines traurigen Spielkameraden). Zugleich wird den Kindern bewusst, dass Menschen auch aus Einstellungen und Haltungen heraus handeln. Sie können ihre Überzeugungen denen anderer Menschen entgegensetzen und verstehen fehlerhafte Überzeugungen bei sich selbst und bei anderen Menschen. Wissen sie, dass eine Person eine fehlerhafte Überzeugung hat, können sie im Gegensatz zu Dreijährigen voraussagen, dass diese Person falsch handeln wird. Auch können sie nun durch Lügen absichtlich fehlerhafte Überzeugungen bei anderen Menschen hervorrufen, um auf diese Weise bestimmte Ziele (z.B. Vermeidung von Strafe) zu erreichen.

Astington (2000) fasst die Entwicklung der Theorie den Denkens bei Kleinkindern wie folgt zusammen: „Mit zwei oder drei Jahren verstehen sie, dass das Denken unbeobachtete mentale Gebilde enthält – Gedanken, die sich von den Dingen in wichtigen Aspekten unterscheiden. In diesem Stadium haben sie jedoch kein Verständnis für mentale Aktivität. Dieses vollständigere Verständnis erwerben sie erst ungefähr mit vier Jahren, wenn sie auch eine repräsentationale Theorie des Denkens entwickeln. Sie verstehen dann auch, dass das Denken etwas Aktives ist, dass es Situationen konstruiert und interpretiert. Mentale Gebilde sind nicht lediglich Dinge, die im Denken existieren, sie sind Repräsentationen, die vom Denken hervorgebracht werden. Verstehen Kinder dies erst einmal, verstehen sie, dass die Menschen die Welt repräsentieren und dass sie diese Repräsentationen für eine getreue Wiedergabe der Welt halten. Sie können dann einsehen, dass die Menschen keinen direkten Zugang zur Realität haben, sondern dass sie die Welt in ihrem Kopf konstruieren und dass es diese konstruierte Welt ist, innerhalb derer die Menschen handeln, auch wenn ihre Repräsentation eine Fehlrepräsentation der wirklichen Verhältnisse ist" (S. 136 f.).

Deutlich wird, dass die kognitive Entwicklung beim Kindergartenkind nicht nur rasant verläuft, sondern auch ein höchst komplexes Geschehen ist: Denken, Gedächtnis, Wissen, Sprache, kommunikative Kompetenz, Identität, Vorstellungskraft, soziales Verständnis, Empathie, Menschenkenntnis, Selbstkontrolle usw. – all dies hängt zusammen, muss ganzheitlich gesehen und gemeinsam gefördert werden.

Konsequenzen für Kindertageseinrichtungen

Aus der rasanten Entwicklung und enormen Plastizität der Gehirne von Kleinkindern ergeben sich die große Bedeutung und die vielfältigen Chancen der frühkindlichen Erziehung und Bildung. Erzieher/innen können das riesige Potenzial in Kindern wecken, deren Begabungen entdecken, die kindliche Entwicklung allseitig fördern, den Erwerb von Kenntnissen sowie die Ausbildung von Fähigkeiten und Fertigkeiten anleiten, bei negativen Einflüssen präventiv wirken sowie bei Entwicklungsverzögerungen und Behinderungen frühzeitig intervenieren.

Diese Möglichkeiten bleiben aber vielfach ungenutzt. Dem Lebensalter, in dem die größte Lernkapazität und die besten Bildungschancen bestehen, wird seitens des Bildungssystems die wenigste Aufmerksamkeit geschenkt; die Erziehung der Kinder wird den am schlechtesten ausgebildeten Fachkräften überlassen; und selbst die Frage, ob Kindertageseinrichtungen überhaupt zum Bildungswesen gehören, ist nach wie vor strittig (z.B. ist in manchen Bundesländern ein anderes Ministerium als das Kultusministerium für Kindertagesbetreuung zuständig). Deutlicher als durch die Erkenntnisse von Hirnforschern und Psychologen kann aber die Notwendigkeit einer qualitativ hochwertigen frühkindlichen Erziehung und Bildung gar nicht gemacht werden!

Wie können Erzieher/innen die Gehirnentwicklung bzw. das Lernen von Kleinkindern fördern?

- Kinder lernen am besten in einer Umgebung, in der sie sich sicher fühlen, wo sie eine enge Beziehung zu Erzieher/innen haben, wo man sie weder lächerlich bzw. verlegen macht noch anklagt oder anschreit, wo sie entspannt sind und nur einem geringen bis mittleren Maß an Stress ausgesetzt sind (kein Ausschütten des das Lernen behindernden Cortisols, dafür aber von Endorphinen).
- Die kindliche Entwicklung sollte allseitig gefördert werden, indem Erzieher/innen Wissenserwerb, kognitive, soziale, emotionale und motorische Kompetenzen, Sprachfertigkeiten, ästhetisches Tun, Fantasie und Kreativität gleichermaßen berücksichtigen. Sie sollten viel Stimulierung bieten, indem sie Lerninhalte vielfältig präsentieren, möglichst immer mehrere Sinne gleichzeitig ansprechen und viele Methoden (z.B. Projektarbeit, Rollenspiel, Erzählen, Musizieren, Gärtnern) einsetzen.
- Eine optimale Lernumgebung konfrontiert Kinder mit lebensnahen Situationen (z.B. durch viele Ausflüge in die Natur, in den Ort, zu Geschäften) und gestattet vielfältige Aktivitäten mit Wahlmöglichkeiten (z.B. durch das Einrichten von verschiedenen „Lernzentren" im Gruppenraum und in anderen Räumlichkeiten).
- Das Lernen sollte bedeutsam und relevant für Kleinkinder sein: Erzieher/innen können sich an den Lebenswelten und Interessen der Kinder orientieren, von deren Alltagswissen ausgehen und dieses auf neue Situationen übertragen, im Alltagsleben einsetzbare Kenntnisse und Fertigkeiten vermitteln und auch die Emotionen der Kinder ansprechen (mehr Konzentration und Aufmerksamkeit, bessere Gedächtnisleistung).
- Je mehr neue Dinge untersucht werden können, je mehr selbständiges Forschen und Experimentieren möglich sind, je mehr Strategien beim Lösen von Problemen oder Bewältigen von Aufgaben ausprobiert werden können, je mehr neue Er-

fahrungen und Aha-Erlebnisse im Verlauf eines Tages gemacht werden, umso intensiver ist das Lernen.

- Gespräche mit Erzieher/innen und/oder anderen Kindern über Beobachtungen und Erfahrungen, über Gegenstände und Prozesse, Handlungsstrategien und Problemlösungsmethoden sind besonders wichtig, da Kleinkinder dabei neue Begriffe lernen, zum Nachdenken angeregt werden und gerade Gelerntes einsetzen können (besseres Abspeichern im Gedächtnis).

- Kinder brauchen auch Zeit zum Wiederholen, Memorieren und Üben: Zu viel Neues ist kontraproduktiv, wenn nicht genügend Gelegenheiten geboten werden, um gerade erworbenes Wissen einzusetzen und neu erworbene Fertigkeiten zu praktizieren. Auch für Kleinkinder gilt: Übung macht den Meister.

- Kinder lernen besser, wenn Neugier und Forschergeist gefördert werden, wenn sie eigenständig nach Problemlösungen oder Antworten auf Fragen suchen können, wenn sie für die eigene Leistung selbst verantwortlich sind und wenn sie viel Anerkennung und Lob erfahren. Positiv wirkt sich aus, wenn Erzieher/innen Ziele und Leistungsanforderungen klar definieren, viel motivieren, eindeutige Kriterien für Erfolg und Misserfolg aufstellen, sofort Feedback geben und Fehler eher beiläufig korrigieren (bei zu viel Fokussierung können sich Fehler verfestigen). Motivation und Lernerfolg werden intensiviert, wenn Außenstehende wie Eltern oder andere Erwachsene die Leistung der Kinder bestätigen (z.B. bei Präsentationen vor den Eltern oder bei Ausstellungen).

- Die Individualität eines jeden Kindes sollte bei der Planung von Aktivitäten beachtet werden: Beispielsweise mögen extravertierte Kinder gerne im Stuhlkreis sprechen oder Besucher begrüßen, introvertierte Kinder haben oft Angst davor. Einige Kinder finden Sicherheit in Routinen, andere suchen immer wieder nach neuen Herausforderungen.

- Bewegungseinheiten zwischen Arbeitsphasen fördern Konzentration und Lernen, da sie zu einer besseren Durchblutung des Gehirns beitragen (mehr Sauerstoff und Glukose verfügbar).

- Babys und Kleinstkinder benötigen ein- bis zweimal am Tag ein „Nickerchen", und auch viele ältere Kleinkinder profitieren von einer kurzen Mittagsruhe.

- Computer – mit guter Software – intensivieren das Lernen, da sie durch Text, Bild und Ton mehrere Sinne ansprechen, ein häufiges Wiederholen ähnlicher Aufgaben ermöglichen (erleichtert das Memorieren) und den Entwicklungsstand jedes einzelnen Kindes berücksichtigen (Individualisierung). Malen und Komponieren am Computer fördern auch die Kreativität.

- Kinder, die in ihrer Familie eine am Wohnort wenig benutzte Sprache gelernt haben, sollten so früh wie möglich mit der Landessprache konfrontiert werden – und die anderen Kinder mit einer Fremdsprache. Sie lernen die zweite Sprache am besten im Kontext alltäglicher Interaktionen mit Erwachsenen (und Kindern), die diese beherrschen.

- Positive Beziehungen zwischen Gleichaltrigen, in denen es z.B. keine Gewalt oder Unterdrückung gibt, dafür aber viel Kooperationsbereitschaft beim Lösen von Problemen und Bewältigen von Aufgaben, fördern das Lernen.

- Die Familien müssen im Rahmen einer Bildungspartnerschaft mit den Erzieher/innen das Lernen und die Gehirnentwicklung ihrer Kinder ebenfalls stimulieren. Für sie gelten viele der zuvor genannten Punkte gleichermaßen. Außerdem sollten sie sicherstellen, dass ihre Kinder vitamin- und mineralstoffreich ernährt werden, genügend Schlaf bekommen und nicht allzu viel Zeit mit Fernsehen oder Computerspielen verbringen (überlastet das Kurzzeitgedächtnis).

Letztlich sind eine gute Erziehung und Bildung von Kleinkindern nur realisierbar, wenn Erzieher/innen auf umfassende Kenntnisse aus den Bereichen Hirnforschung, Lern- und Entwicklungspsychologie zurückgreifen können – was derzeit nicht der Fall ist. Darüber hinaus benötigen sie aber auch bessere didaktische und methodische Kompetenzen: Einerseits brauchen Erzieher/innen ein Grundlagenwissen in all den Lernfeldern, die in der pädagogischen Arbeit mit Kleinkindern von Bedeutung sind: Natur, Kultur, Wirtschaft, Technik, Kunst, Wissenschaft usw. Andererseits müssen sie im Rahmen der Monats-

und Jahresplanung für Kinder relevante Inhalte aussuchen (und kind-gemäß präsentieren), ohne dass die Kinder mit einer Unmenge unzu-sammenhängender Informationen überschüttet werden. Vielmehr sollten diese durch exemplarisches Lernen Einblick in die verschie-denen Bildungsbereiche erhalten und wichtige Strukturen erkennen.

Bildung im Kindergarten

Aus der Analyse der Bildungsbegriffe berühmter und zumeist längst verstorbener Pädagog/innen (Textor 1999) ergeben sich folgende bedeutsame Aspekte von Bildung:

- Bildung umfasst sowohl die Entwicklung und Schulung „innerer Kräfte" (formale Bildung) als auch die Aneignung von Kenntnissen und Erschließung der Welt (materiale Bildung).
- Bildung beinhaltet sowohl Selbstbildung, einen Prozess der Selbstgestaltung und Eigenaktivität (der sich über das ganze Leben erstrecken kann), als auch einen Prozess der Bildung und Wissensvermittlung durch Dritte (insbesondere durch planmäßigen Unterricht; zumeist auf die ersten zwei oder drei Lebensjahrzehnte beschränkt).
- Bildung ist sowohl die Übernahme und der Erwerb von Bildungsgütern wie Sprache, Kulturtechniken, (Natur- und Geistes-) Wissenschaft, Technik (einschließlich neuer Informationstechnologien), Musik und Kunst als auch die kritische Auseinandersetzung mit diesen, deren Veränderung und Abwandlung aufgrund eigener Denkprozesse und Handlungen.
- Bildung dient sowohl der Entfaltung des inneren Menschseins und der eigenen Individualität (Bildung als Selbstzweck) als auch zur gesellschaftlichen Nützlichkeit (was durchaus eine kritische Haltung zur Gesellschaft und die Handlungsbereitschaft zu deren Weiterentwicklung beinhaltet).
- Bildung umfasst sowohl Allgemein- als auch Berufsbildung und sowohl Schul- bzw. Hochschulbildung als auch betriebliche Ausbildung.
- Bildung bedeutet sowohl einen Prozess des kognitiven, moralischen, sozialen und emotionalen Lernens als auch das Resultat eigener „Studien".

Bildung im Kindergarten umfasst viele dieser Aspekte: In Bildungsprozessen erlernen Kleinkinder die Sprache und entwickeln immer mehr Verständnis für deren Begriffe, Symbole, Bedeutungen und Kategorien – eine differenzierte Sprache fördert ein differenziertes

Verstehen. In Bildungsprozessen werden ihre körperlichen und geistigen Anlagen geweckt, Fähigkeiten und Fertigkeiten ausgebildet. In Bildungsprozessen werden sie in Gesellschaft, Arbeitswelt und Wirtschaftsleben, Kunst und Kultur, Religion und Ethik, Sitten und Bräuche eingeführt – sie werden von den Erzieher/innen und anderen Menschen gebildet. In Bildungsprozessen setzen sie sich mit neuen Erfahrungen, Beobachtungen und Erkenntnissen auseinander, erkennen Zusammenhänge, nehmen kritisch Stellung und ziehen Folgerungen für ihr Handeln. Durch Eigenaktivität und Selbsttätigkeit, aus eigener Motivation heraus, erkunden und erschließen sie ihre Welt, nehmen Kontakt zu anderen Menschen auf und lernen von ihnen – sie bilden sich selbst. In Bildungsprozessen entwickeln sich ihre einzigartige Persönlichkeit, ihr Charakter, ihre Identität, ihre Individualität.

Im Folgenden werden mit Selbstbildung, ko-konstruktiver Bildung und lehrenden Aktivitäten der Erzieher/innen drei Formen der frühkindlichen Bildung unterschieden, die oft unterschiedlich gewichtet werden. In diesem Kapitel werden sie aber als gleichwertig behandelt.

Selbstbildung

Dank Hirnforschung, Lern- und Entwicklungspsychologie werden Babys, Kleinst- und Kleinkinder heute als „kleine Forscher" wahrgenommen, die neugierig ihre Umgebung erkunden, selbsttätig Erfahrungen sammeln, neue Kompetenzen entwickeln und sich immer mehr Wissen aneignen. Diese eigenständige Aneignung der Welt wird als „Selbstbildung" bezeichnet. Das Kind lernt, sich immer besser in seiner materiellen, sozialen und kulturellen Umwelt zu orientieren und sich in ihr handelnd zu behaupten.

Erzieher/innen können die Selbstbildung der ihnen anvertrauten Kinder fördern, indem sie ihnen möglichst viele Erfahrungsbereiche eröffnen und sie selbst bestimmen lassen, welche sie nutzen wollen. Schäfer (2009) schreibt: „Ein Kind will von seinen ErzieherInnen, dass sie ihm eine Umgebung bieten, in der es sich vielfältig bewegen kann, Anregung für seine Sinne, seine Fantasie sowie seine Lust am

Forschen und Gestalten findet. Es will nicht als defizitäres Wesen wahrgenommen werden, sondern als kleiner Mensch, der immer schon Erfahrungen mitbringt, mit deren Hilfe er einen Einstieg in Problemlösungen findet. Ein Kind will die Zeit haben, Dinge auf seine Weise zu tun und zu Ende zu bringen".

Erzieher/innen können ein offenes Bildungsangebot schaffen, indem sie z.b. verschiedene Lernbereiche in ihrem Gruppenraum (und in Nebenräumen) ausweisen, dort immer wieder neues, die Neugier, Fantasie, Wissbegierde und Begeisterungsfähigkeit der Kinder entfachendes Material auslegen und viel Zeit für das Freispiel einplanen. Dann kann jedes Kind den es besonders interessierenden Bereich aussuchen und die dortigen Lernmöglichkeiten nutzen. Es wählt eine Aktivität aus und lernt dabei, wie beispielsweise bestimmte Dinge beschaffen sind, welchen Zweck sie haben und wie man sie verwendet.

Mit einem offenen Bildungsangebot wird auch der in nahezu allen Kindertageseinrichtungen üblichen Altersmischung entsprochen. Verschieden alte Kinder haben höchst unterschiedliche Lernbedürfnisse, Bestrebungen, Fähigkeiten und Fertigkeiten. Wenn ihnen viel Zeit für die Selbstbildung zugestanden wird – Zeit, in der sie ihren eigenen Interessen und ihrer Neugier folgen können –, dann können sie sich selbst Aktivitäten aussuchen, die sie weder über- noch unterfordern.

Kinder können von der Freispielzeit aber nur dann profitieren, wenn sie bei selbstbildenden Aktivitäten weitgehend ungestört sind, sodass sie sich auf ihre jeweilige Beschäftigung konzentrieren und sie beharrlich fortentwickeln können. Deshalb ist es sinnvoll, zusammen mit den Kindern die Regel aufzustellen, dass man in dem zu Beginn der Freispielzeit gewählten Lernbereich bis zum Ende derselben bleiben muss. Auch ist darauf zu achten, dass nicht zu viele Kinder denselben Lernbereich wählen und dass zwei Bereiche nicht zu eng beieinander liegen, damit die dort spielenden Kinder einander nicht ablenken (deshalb sollten Lernbereiche möglichst auch in Nebenräumen und auf dem Flur ausgewiesen werden).

Kinder profitieren mehr von der Freispielzeit, wenn sie zuvor planen, was sie machen, ausprobieren, herausfinden... möchten – welches Ziel sie also verfolgen wollen. Planen ist ein kognitiver Prozess, bei dem sich die Kinder ihrer Interessen, Fragen und Probleme bewusst werden, sich selbst Ziele setzen, eines davon auswählen und sich fragen, wie sie es erreichen können (d.h., in welchen Lernbereich sie gehen müssen, was sie an Material benötigen, wie sie vorgehen wollen, wie lange dies dauern mag, ob sie eventuell Hilfe benötigen usw.). Kleinkinder sind dazu natürlich nur begrenzt fähig – aber sie können diese Fähigkeit entwickeln, wenn Erzieher/innen vor der Freispielzeit entsprechende Fragen im Stuhlkreis stellen oder wenn sie nach deren Beginn zu einem Lernbereich gehen und dort einzelne Kinder fragen, was sie vorhaben.

Genauso wichtig wie die Planung ist auch die Auswertung der jeweiligen Aktivität. So können Erzieher/innen gegen Ende der Freispielzeit die Kinder aufsuchen, mit denen sie bereits über deren Ziele gesprochen haben oder die sich lange mit einer bestimmten Aktivität befasst haben und sie fragen, wie diese verlaufen ist, ob die Ziele erreicht wurden, was für Probleme aufgetreten sind und was die Kinder gelernt bzw. welche neuen Fertigkeiten sie sich angeeignet haben.

Auf diese Weise entsteht ein Zyklus mit den Phasen Planen – Agieren (mit das Handeln begleitenden Lernprozessen) – Auswerten (eventuell gefolgt von erneutem Planen). Dieser Zyklus kann natürlich nicht jeden Tag mit allen Kindern durchlaufen werden, aber die Erzieher/innen können sich jeden Tag auf zwei, drei Kinder konzentrieren.

Eine wichtige Voraussetzung für erfolgreiche Selbstbildungsprozesse ist, dass sich Kleinkinder in der Gruppe sicher und geborgen fühlen. Dann werden sie mutig auf andere Menschen zugehen und weltoffen ihre Umgebung erkunden. Diese Voraussetzung ist laut der Bindungstheorie vor allem dann gegeben, wenn Kleinkinder an ihre Eltern und Erzieher/innen sicher gebunden sind.

Derartig enge, durch Vertrauen und Zuneigung gekennzeichnete Beziehungen entstehen in Kindertageseinrichtungen leichter, wenn neu aufgenommene Kinder „schonend" eingewöhnt werden, wenn ihr Bedürfnis nach einer Bezugsperson befriedigt wird und wenn die Gruppen relativ klein sind bzw. der Personalschlüssel so niedrig ist, dass die Fachkräfte intensiv mit einzelnen Kindern interagieren können.

Andere Voraussetzungen sind beispielsweise, dass

- die Erzieher/innen Vertrauen in die Fähigkeit von Kindern haben, sich selbst zu bilden.
- nicht nur die von den Kindern „mitgebrachten" Interessen berücksichtigt, sondern auch neue geweckt werden und die Neugier der Kinder stimuliert wird.
- die Aktivitäten für die Kinder einen subjektiven Sinn haben – und Spaß machen.
- die jeweiligen Anforderungen die Fähigkeiten des Kindes leicht übersteigen, sodass es eine Herausforderung spürt und motiviert ist.
- das Kind dieselbe Aktivität mehrfach wiederholen kann, denn dies gibt Sicherheit und Erfolgsgewissheit – Übung macht den Meister.
- Erzieher/innen „fehlerfreundlich" sind, also nicht (sofort) eingreifen, wenn ein Kind bei seinen Aktivitäten auf Probleme stößt, bei einer Aufgabe nicht weiter kommt oder den falschen Weg einschlägt. Die Fachkräfte dürfen dann nicht gleich mit Ratschlägen kommen, etwas vormachen oder ihr Wissen einbringen, sondern sollten sich zunächst zurücknehmen und einfach nur zusehen. Viele Schwierigkeiten lassen sich mit etwas Experimentieren und Üben bewältigen – und aus Fehlern kann man lernen!

Deutlich wird, dass Kinder bei Selbstbildungsprozessen nicht sich selbst überlassen sind, sondern von den Erzieher/innen begleitet werden. Insbesondere die gemeinsame Reflexion bietet viele Möglichkeiten, Konzepte zu klären, neue Begriffe einzuführen, Ideen für spätere Aktivitäten zu entwickeln und die lernmethodische Kompetenz der Kinder zu fördern.

Ko-konstruktive Bildung

Bei dieser Form der Bildung lassen sich analytisch zwei Unterformen unterscheiden, die sich in der Realität aber oft überschneiden:

Ko-konstruktive Bildung kann zum einen durch die Interaktion von Kindern miteinander und zum anderen durch die Interaktion zwischen Kindern und Fachkräften zustande kommen. Eine wichtige Voraussetzung für beide Unterformen ist, dass sich Kinder in den Beziehungen zu anderen Kindern und zu den Erzieher/innen sicher fühlen, damit sie frei von Ängsten und Hemmungen die Interaktionen mit anderen für die Aneignung von Kenntnissen und Fertigkeiten nutzen können.

Ko-konstruktive Bildung in Kleingruppen

Kleinkinder – insbesondere unter Dreijährige – spielen wohl viel alleine (oder parallel zu anderen Kindern) und bilden sich dabei selbst, aber sie spielen noch häufiger in einer Dyade oder Kleingruppe. Hier findet ko-konstruktive Bildung statt, d.h. die Kinder lernen miteinander und voneinander. Gemeinsam erkunden sie ihre Umgebung, machen Wahrnehmungen, diskutieren ihre Beobachtungen, stellen Hypothesen auf, experimentieren, erproben verschiedene Verwendungsmöglichkeiten von Materialien, übernehmen Rollen, gestalten diese fantasievoll aus, lösen Probleme, stimmen ihr Verhalten miteinander ab usw. usf.

In der Interaktion miteinander stimulieren sich Kinder wechselseitig und lernen so oft mehr, als wenn sie sich alleine beschäftigen. Zugleich profitieren sie von Entwicklungsunterschieden: So gibt es in altersgemischten Gruppen jüngere und ältere Kinder; und selbst gleichaltrige Kinder entwickeln sich ungleichmäßig. Wenn ein Kind anderen Kindern in einem Entwicklungsbereich ein wenig voraus ist, können diese im Spiel bzw. in der Interaktion mit ihm bereits Verhaltensweisen und Denkmuster zeigen, die dieser höheren Entwicklungsstufe entsprechen. Die Kinder können die sich in der „Zone der nächsten Entwicklung" (Lew Wygotski) befindlichen, noch nicht ausgereiften, jedoch reifenden Prozesse noch nicht selbst hervorbringen, wohl aber in der Zusammenarbeit mit einem kompetenteren Kind oder unter dessen Anleitung (vgl. Textor 2000).

Ostermayer (2006) ergänzt: „Auch wenn sich Kinder ihre Wirklichkeit und ihr Wissen ... in der Interaktion mit Gleichaltrigen konstruieren, sind sie in ihrer Entwicklung dennoch auf Erwachsene angewiesen. Diese stellen nicht nur das räumliche und materielle und damit auch inhaltliche Angebot für die Konstruktion zur Verfügung, sondern auch den sozialen Rahmen" (S. 45). Hier gilt für die ko-konstruktive Bildung weitgehend dasselbe wie für die Selbstbildung: Beispielsweise sollten der Gruppenraum und möglichst auch Nebenräume und Flur Lernbereiche umfassen, die Kinder zu Beginn der Freispielzeit wählen und wo sie dann bis zu deren Ende bleiben. Die dort ausgelegten Gegenstände und Materialien sollten reizvoll sein (und deshalb im Verlauf des Jahres immer wieder ausgetauscht werden) und so zu komplexen Spielen und Interaktionen anregen. Die Beschäftigung mit den Spielmaterialien und das Verhalten der Kinder während der Freispielzeit sollten durch (gemeinsam entwickelte) Regeln bestimmt sein.

Letztlich müssen die Kinder aber selbst Verantwortung für ihr Lernen in der Kleingruppe übernehmen – sie müssen zu einer Gemeinschaft von Lernenden werden. Und das tun sie in der Regel auch, wenn die Rahmenbedingungen stimmen: In der Kleingruppe zeigen sie höhere soziale Verhaltensweisen (z.B. indem sie sich mit anderen abstimmen, etwas gemeinsam organisieren, miteinander kooperieren) in einem viel größeren Maße als in anderen Kindergartensituationen (Layzer/Goodson/Moss 1993).

Die Fachkräfte können auch Einfluss auf die Zusammensetzung der Kleingruppen nehmen und z.B. darauf achten, dass Kinder auf einem ähnlichen Entwicklungsniveau eine Gruppe bilden. Dann sind die Aktivitäten zumeist komplexer und werden häufiger am nächsten Tag fortgesetzt (Wüstenberg/Schneider 2008). Auch besteht keine Gefahr, dass jüngere Kinder über- und ältere unterfordert werden. Manchmal ist es jedoch sinnvoll, wenn Kinder unterschiedlichen Alters eine Kleingruppe bilden – dann müssen sie aber zu der jeweiligen Betätigung einen eigenen Beitrag leisten können. Und auch bei der ko-konstruktiven Bildung profitieren Kinder davon, wenn die Erzieher/innen sie anhalten, Aktivitäten zuvor zu planen und anschließend auszuwerten. Ferner sollten sie bei Problemen oder Fragen auf deren Unterstützung zurückgreifen können.

Ko-konstruktive Bildung in der Interaktion mit Erzieher/innen

Im letzten Absatz wurde schon die zweite Form der ko-konstruktiven Bildung angesprochen – diejenige, die in der Erzieherin-Kind-Interaktion erfolgt. Während zuvor den Fachkräften nur eine helfende Funktion zukam, sind sie hier voll in das Spiel oder das Gespräch mit einem einzelnen Kind oder einer (Klein-) Gruppe involviert – und zwar nicht als dominierende oder die Kinder belehrende Person (siehe nächstes Kapitel), sondern als Spiel- und Lernpartner.

In der ko-konstruktiven Interaktion behält das Kind zumeist die Initiative; es bestimmt deren Verlauf. Die Erzieherin lässt sich auf seine Lernbedürfnisse und Fragen ein, zeigt echtes Interesse an seinen Aktivitäten und beteiligt sich an ihnen, wobei sie auch vorsichtig eigene Ideen einfließen lässt. Dabei ergründet sie, was es in der jeweiligen Situation alles zu entdecken gibt, und lenkt dann die Aufmerksamkeit des Kindes auf bestimmte Phänomene oder Eigenschaften eines Gegenstandes, lässt es vergleichen und kategorisieren, stellt offene, zum Nachdenken reizende Fragen, klarifiziert alte Begriffe und führt neue ein. Die Erzieherin hilft dem Kind (z.B. durch Nachfragen oder Paraphrasieren), seine Gedanken und mentalen Zustände genau auszudrücken. Dabei achtet sie darauf, dass sie selbst auf einem sprachlich hohen Niveau kommuniziert – zum einen, weil Kinder von ihr ein gutes Deutsch lernen sollen, zum anderen, weil komplexes Denken eine komplexe Sprache verlangt.

In der ko-konstruktiven Bildungssituation ist es sehr wichtig, dass sich die Erzieherin zurückhält. Erwachsene glauben oft, dass sie schon nach wenigen Worten des Kindes wissen, was es will, bzw. sie interpretieren sofort seine Aussagen, bevor es sich wirklich verständlich machen konnte. Ferner reagieren sie auf eine Frage des Kindes vielfach damit, dass sie es mit Informationen überhäufen. Beides ist falsch; und so sollten sich Erzieher/innen vor Vorannahmen und Deutungen hüten, sich zurücknehmen und dem Kind viel Zeit geben, damit es zunächst selbst nachdenken und Vermutungen äußern kann. Klein und Vogt (2004) schreiben: „Wahrscheinlich besteht sogar die wichtigste Bildungsaufgabe der Erzieherin darin, die Fragehaltung der Kinder nicht mit Antworten zuzuschütten, sondern sie zu erhalten. Das aber gelingt nur, wenn die Erzieherin selbst wieder zur fragenden Forscherin wird und sich mit Interesse und Spaß auf die nachdenklichen Gespräche einlässt, die dabei entstehen können" (S. 205). Sie muss versuchen, die Welt mit den Augen des Kindes zu sehen und es als gleichwertigen Gesprächspartner zu akzeptieren. Henneberg et al. (2004) sprechen hier von Kindzentrierung als der von Erzieher/innen geforderten professionellen Haltung gegenüber Kindern. So sollten diese als handelnde Individuen gesehen werden, deren subjektive Wirklichkeit es zu erkunden gilt. „Kindzentrierung setzt vor allem den Dialog voraus. Der Dialog als Merkmal der Kindzentrierung wohnt allen anderen Merkmalen inne. Er ist eine besondere Kommunikationsweise, eine spezielle Form, sich dem Anderen zu nähern und mit ihm in Kontakt zu treten; er durchzieht sämtliche Ausdrucksformen kindzentrierter Haltung. In der Dialogfähigkeit und -bereitschaft von Erwachsenen wird deren kindzentrierte Haltung am deutlichsten spürbar" (a.a.O., S. 16).

Kinder stellen oft sehr anspruchsvolle Fragen wie beispielsweise „Wieso gibt es Kriege?", „Weshalb tun Menschen Böses?", „Gibt es einen Gott?", „Was ist Sünde?", „Haben Tiere eine Seele?", „Darf man stehlen, wenn man hungrig ist und kein Geld hat?" oder „Was ist eigentlich Glück?" Klein und Vogt (2004) meinen hierzu: „Kinder stellen Fragen wie sonst nur Wissenschaftler und Wissenschaftlerinnen. Sie stellen nämlich scheinbar Selbstverständliches einfach in Frage, bezweifeln Zusammenhänge und Erkenntnisse, über die Erwachsene kaum noch nachdenken, weil sie ihnen längst zu Gewissheiten geworden sind. Das ist einer der Gründe, warum Kinderfragen Erwachsene nicht nur überraschen, sondern auch verwirren" (S. 204).

Wenn sich Erzieher/innen auf diese Themen einlassen, kann es zu einem für beide Seiten interessanten philosophischen oder theologischen Gespräch kommen. Da solche Fragen nicht leicht zu beantworten sind, müssen beide Seiten nachdenken, Ideen äußern, diese erklären und begründen, Argumente bezüglich ihrer Stichhaltigkeit überprüfen und immer wieder die Perspektive wechseln: Sie konstruieren gemeinsam die Antwort auf die jeweilige Frage.

Philosophische und theologische Gespräche fördern die intellektuelle Entwicklung, das eigenständige Denken, die Kritikfähigkeit und das Ausdrucksvermögen der Kinder. Zugleich sind sie ein gutes

Beispiel dafür, dass im Rahmen ko-konstruktiver Aktivitäten auch die Erzieher/innen gebildet werden. Und dann gibt es noch Fragen zu Themen, die den Fachkräften peinlich sind oder in ihnen irgendeinen „Nerv" treffen (z.b. ein verdrängtes Kindheitserlebnis, ein Trauma, ein aktuelles Beziehungsproblem). Stellen sich Erzieher/innen solchen Fragen – und damit auch ihrem Innenleben –, kommt es vielfach zur persönlichen Weiterentwicklung.

Bildung durch Lehren

Bei der dritten Form der frühkindlichen Bildung sind die Erzieher/innen dominant: Entsprechend ihrer Bildungsziele bereiten sie besondere Aktivitäten wie Beschäftigungen, Bewegungsspiele, Bastelarbeiten, Tänze, Übungen, Projekte oder Exkursionen vor, durch die bestimmte Kenntnisse und Kompetenzen vermittelt werden sollen. Zumeist sind diese Bildungsangebote in Wochenplänen ausgewiesen; oft stehen sie unter einem bestimmten (Monats-) Thema. Die Kinder sind verpflichtet, an ihnen teilzunehmen.

Seit Verabschiedung der Bildungspläne durch die Bundesländer beanspruchen von Fachkräften gestaltete Bildungsangebote immer mehr Zeit. Sie sind zumeist den einzelnen Bildungsbereichen zugeordnet:

- naturwissenschaftlich-technische Bildung: Experimente, Beobachtung biologischer Phänomene, Zerlegen technischer Geräte usw.
- mathematische Bildung: Zahlenspiele, Sortieren, Mengenvergleich, Erkennen geometrischer Formen usw.
- musische Bildung: gemeinsames Singen, Musizieren auf Instrumenten, Singspiele, Begegnung mit Liedern aus verschiedenen Kulturen usw.
- ästhetische Bildung: flächige, plastische und skulpturale Arbeiten, Vorstellen von historischen und modernen Kunstwerken usw.

- sprachliche Bildung/Literacy: Vorlesen, Erzählen, Bilder-buchbetrachtung, Sprechreime, Übungen zur phonologischen Bewusstheit usw.
- Medienbildung: Erstellen eines Buches, Produzieren von Hörspielen/Filmen, Analysieren von Werbung, Ausprobieren von Computerprogrammen/-spielen usw.
- religiöse Bildung: Vorlesen aus der Bibel, Erzählen von Le-genden, Gebet, Meditation, Gestaltung kirchlicher Feste, Be-such einer Moschee usw.
- etc.

Solche Bildungsangebote werden nach didaktischen und methodi-schen Prinzipien ausgewählt, wobei alle Bildungsbereiche gleicher-maßen zu berücksichtigen sind. Mit vielen Aktivitäten können auch mehrere Lernfelder abgedeckt werden, sodass sie dem Ideal einer ganzheitlichen Bildung nahe kommen. Da manche Angebote jüngere Kinder über- bzw. ältere Kinder unterfordern würden, werden sie nur in Kleingruppen ähnlich alter Kinder durchgeführt.

Prinzipiell enden alle Bildungsbemühungen der Erzieher/innen an der Körperoberfläche der Kinder (dem Trommelfell). Während Schulkinder durch Prüfungen und Benotung dazu gezwungen werden können, sie nicht wirklich interessierende Dinge zu lernen, muss bei Kleinkindern immer deren Mitwirkung gewonnen werden – bei-spielsweise indem ihre Neugier geweckt, der „Spaßfaktor" betont oder auf das Vorbild der Spielkameraden verwiesen wird. Am besten ist es aber, wenn das jeweilige Thema oder die Aktivität für das Kind eine subjektive Bedeutung hat und sein Bedürfnis nach kognitiver Stimulation befriedigt.

Ein Überschneidungsbereich zwischen der Selbstbildung des Kindes und dem Belehren entsteht, wenn die Erzieherin seine Fragen beantwortet. Leider steht im Kindergartenalltag dazu nur begrenzt Zeit zur Verfügung. Auch müssen manche Kinder zum Fragen ermu-tigt werden oder rücken erst mit ihrem „Problem" hinaus, wenn sie eine interessierte Resonanz durch die Fachkraft spüren. Hingegen bombardieren andere Kinder die Erzieher/innen nur so mit Fragen, wenn sie deren Aufmerksamkeit erreicht haben. So blocken die Fachkräfte viele Fragen ab, weichen ihnen aus oder versuchen, die

Kinder mit einigen pauschalen Sätzen zufrieden zu stellen. Hier besteht die Gefahr, dass den Kindern das Fragen abgewöhnt und ihnen damit einer der wichtigsten Wege zum Erwerb von Kenntnissen verschlossen wird.

Natürlich können Erzieher/innen nicht den ganzen Fragenkatalog eines Kindes beantworten – sie sind schließlich auch noch für die anderen Kinder da. Aber sie sollten zumindest einige Fragen beantworten und dann das Kind auf einen späteren Zeitpunkt vertrösten. Auch dürfen sie nicht abblocken, wenn sie keine Antwort wissen. Vielmehr sollten sie dann mit dem Kind überlegen, wie und wo sie die benötigten Informationen wohl finden könnten, und sich dann gemeinsam mit ihm auf die Suche machen (z.B. in Lexika, Sachbüchern oder Websites, durch Beobachten, Experimentieren, Befragen von Experten usw.). Oft müssen die Fachkräfte sogar in ihrer Verfügungs- oder Freizeit die notwendigen Recherchen durchführen.

Hier wird dem Kind zum einen verdeutlicht, dass auch Erzieher/innen nicht alles wissen, dass Erwachsene lebenslang lernen müssen. Und zum anderen erfährt das Kind, wie man sich Wissen aneignet, und erwirbt auf diese Weise lernmethodische Kompetenzen. Zugleich wird hier eine positive Seite des Erzieherberufes deutlich: Viel mehr als Fragen von Schulkindern stimulieren Fragen von Kleinkindern das Nachdenken, zumal sie weit weg vom Schulwissen führen. Sie fördern somit die Selbstbildung der Erzieher/innen...

Beobachtungen als Grundlage der Bildungsplanung

In den letzten Jahren wurde der Beobachtung von Kleinkindern immer mehr Bedeutung beigemessen. Zum einen sollen Entwicklungsdefizite und Verhaltensauffälligkeiten ermittelt werden – z.B. mit Hilfe von Beobachtungsbögen, Einschätzskalen oder (Sprach-) Tests. Zum anderen geht es um die Erfassung und Dokumentation von Bildungsprozessen – beispielsweise durch Lerngeschichten oder Portfolios. Ein drittes Ziel wird aber kaum beachtet, obwohl es ebenfalls sehr wichtig ist: Beobachtungen sollten auch die Grundlage für didaktische und methodische Entscheidungen sein, und zwar auf den Ebenen des Individuums, der Kleingruppe und der Gesamtgruppe.

Zum Ersten gilt es, den Entwicklungsstand, die Lernbedürfnisse und Interessen eines jeden Kindes sowie relevante personale, soziale und kulturelle Charakteristika (Selbstbild, Eigenständigkeit, Selbstvertrauen, interpersonale Kompetenzen, Einbindung in die Gruppe, Familiensituation, Schichtzugehörigkeit, ethnische Herkunft usw.) zu erfassen, damit entsprechende Stimuli für seine Selbstbildung während der Freispielzeit oder in der Interaktion zwischen ihm und der Erzieherin bereit gestellt werden können – z.b. indem ihm bestimmte Materialien gegeben oder besondere Aktivitäten initiiert werden.

Zum Zweiten können nach solchen Beobachtungen Kleingruppen von Kindern mit ähnlichen Lernbedarfen, Interessen und Fähigkeiten gebildet werden, in denen es mit hoher Wahrscheinlichkeit zu ko-konstruktiver Bildung in der Interaktion zwischen den Kindern kommt oder in denen Bildungsangebote der Fachkraft auf vergleichbare Lernbedingungen bei den Kindern treffen.

Zum Dritten muss immer wieder evaluiert werden, ob es während der Freispielzeit, in der Kleingruppe oder in der Erzieherin-Kind-Interaktion wirklich zu Selbst- bzw. ko-konstruktiver Bildung gekommen ist, ob die mit dem Bildungsangebot verbundenen Ziele erreicht wurden und ob die eingesetzten pädagogischen Methoden geeignet waren.

So schreibt Burtscher (2002), dass es bei der Beobachtung darum gehe, „das einzelne Kind in seinem ureigensten Wesen, in seiner Einmaligkeit zu erfassen, seine Fähigkeiten und Fertigkeiten zu entdecken, seine gegenwärtigen Auffassungen und Kompetenzen, Denkfähigkeiten, Kenntnisse, Einstellungen, Wünsche, Bedürfnisse, Sorgen und Nöte, Werte und Interessen zu kennen, ... um dann mit pädagogischen Angeboten, Führung, Förderung, einer vorbereiteten Umgebung, geeignetem Spielmaterial... darauf zu reagieren" (S. 129). Die Evaluation des Lernprozesses und -erfolgs, des eigenen Beitrags dazu und der Effekte von Spielkameraden und Umgebungsfaktoren dient dann der Verbesserung der Qualität der pädagogischen Arbeit.

Auch in den Bildungsplänen der Bundesländer wird gefordert, dass die Familien- und Lebenssituation eines jeden Kindes und seine Individualität von den Erzieher/innen zu berücksichtigen seien.

So liegen Welten

- zwischen einer aus der Türkei zugewanderten Familie, in der beide Elternteile kaum Deutsch sprechen, tief religiös sind und ihre Kinder stark geschlechtsspezifisch erziehen,
- zwischen einer Flüchtlingsfamilie, die in einer Notunterkunft lebt, deren Mitglieder sich entwurzelt fühlen und wo die Erwachsenen ihren Erziehungsaufgaben kaum nachkommen,
- zwischen einer Familie mit seit langer Zeit arbeitslosen Eltern, die alkoholkrank sind und ihre Kinder vernachlässigen,
- zwischen einer Arbeiterfamilie, die in einem kleinen Apartment in einer Großstadt haust und die mit ihren Kindern nur selten aus ihrer Hochhaussiedlung herauskommt,
- zwischen einer Bauernfamilie, in der die Kinder ihre Eltern bei der Arbeit erleben, sich frei auf den Hof und in den angrenzenden Waldstücken bewegen können und viele Erfahrungen mit Tieren machen,
- zwischen einer bürgerlichen Familie, in der sich die Mutter intensiv um ihre Kinder kümmert und sie auf jede nur denkbare Weise zu fördern versucht und wo der Vater dem Leitbild der „neuen Väter" nachstrebt, und
- einer Managerfamilie, die alle paar Jahre umzieht – auch ins Ausland –, wo der Vater kaum daheim ist und die Mutter eine eigene Karriere verfolgt.

Zudem müssen Erzieher/innen die Gegebenheiten vor Ort beachten – z.B. das weitere Umfeld (verstädterter Raum, Industriegebiete, landwirtschaftlich genutzte Flächen, Wälder, Berge, Seen usw.), die nähere Umgebung (z.B. Stadtviertel, Kleinstadt, Dorf, Streusiedlung, Parks, Gärten, Spielplätze, Bäche, Baustellen, Freiflächen), die Infrastruktur (z.B. Unternehmen, Geschäfte, Handwerksbetriebe, Kirchen, Museen, Theater, Bauernhöfe), die Bevölkerungsstruktur, die Bespielbarkeit des Wohnumfeldes usw. All diese Faktoren sind für die Bildungsplanung relevant. Da sie überall unterschiedlich sind, muss jeder Kindergarten zu verschiedenen pädagogischen Zielen kommen. Diese werden dann in der Konzeption niedergelegt – und regelmäßig fortgeschrieben, weil sich ja die Zusammensetzung der Kindergruppen im Verlauf der Zeit ändert.

Natürlich müssen dabei auch die Vorgaben der Bildungspläne berücksichtigt werden: In ihnen werden zu fördernde Kompetenzen und abzudeckende Bildungsbereiche aufgeführt. Die Umsetzung der Bildungspläne hat aber zwei Probleme mit sich gebracht:

1. Viele Kindertageseinrichtungen rücken immer mehr von einer ganzheitlichen Förderung der kindlichen Entwicklung ab zugunsten einer Bildungsbereich-spezifischen. Das heißt, im Extremfall gibt es „Stundenpläne" mit „Fächern" analog zur Schule. So wird beispielsweise am Montag eine Stunde lang naturwissenschaftlich experimentiert, dann folgt eine Stunde Musik, Tanz und Rhythmik, dann eine Stunde Freispiel. Am Dienstag steht zuerst eine Bilderbuchbetrachtung zur Förderung von Literacy an, gefolgt von einer Stunde Malen „nach Hundertwasser" usw. Hier zeigt sich die „klassische Beschäftigungspädagogik" in einem neuen Kleid – erweitert um einige Bereiche wie z.B. mathematisch-naturwissenschaftliche Aktivitäten.

2. Aufgrund der zunehmenden Altersbandbreite – in vielen Kindertageseinrichtungen befinden sich inzwischen Kinder zwischen ein und sechs Jahren – wird es immer schwieriger, mit allen Kindern gemeinsam eine bildende Aktivität zu machen. Hinzu kommt, dass sich z.B. Experimente oder technische Konstruktionen nur mit einigen wenigen Kindern realisieren lassen. Zudem dürfen bestimmte Aktivitäten wie z.B. Sprachförderprogramme sowieso nur mit Kindern mit einem entsprechenden Bedarf durchgeführt werden. Bildende Aktivitäten finden also zunehmend in kleinen Gruppen statt, die oft nur fünf oder sechs, weitgehend gleichaltrige Kinder umfassen. Sofern nicht mit offenen Gruppen gearbeitet wird, muss dann die Zweitkraft die übrigen Kinder beschäftigen. Hinzu kommt, dass Erzieher/innen mangels genügend Verfügungszeit Experimente und anderen Aktivitäten während der Anwesenheit der Kinder alleine in einem Nebenraum vorbereiten und oft zunächst für sich selbst erproben müssen. Wäh-

rend dieser Zeit können sie also nicht erzieherisch oder bildend tätig werden. Aber auch wenn sie mit einer Kleingruppe arbeiten, fallen sie für den zumeist größeren Teil ihrer Kindergruppe aus.

Das Befolgen eines Stundenplans – aber auch die „klassische Beschäftigungspädagogik" – steht im Widerspruch zu einer Individualisierung der Bildungsplanung. Obwohl sich die Kinder aufgrund der großen Altersunterschiede auf einem verschiedenen Entwicklungsstand befinden, müssen sie an derselben Aktivität teilnehmen. Viele Kinder dürften sich somit unterfordert, andere überfordert fühlen. Oft werden sie dann stören und bei häufiger Über- bzw. Unterforderung über einen längeren Zeitraum hinweg sogar verhaltensauffällig werden.

Bei bildenden Aktivitäten für besondere Zielgruppen – z.B. beim Experimentieren für Drei- bis Vierjährige, beim „Würzburger Trainingsprogramm" (Küspert/Schneider 2018) für Kinder im Jahr vor der Einschulung oder bei der Sprachförderung für Migrantenkinder – scheint auf den ersten Blick eine sinnvolle Differenzierung gegeben zu sein: Schließlich werden Kinder auf demselben Entwicklungsstand oder mit dem gleichen Bedarf für die jeweilige Aktivität ausgesucht. Allerdings bleibt wie beim Befolgen eines Stundenplans die jeweilige Bedürfnislage des Kindes unberücksichtigt: Will es jetzt wirklich eine halbe Stunde lang irgendwelche Sprachspiele machen oder möchte es nicht lieber mit anderen Kindern in der Bauecke weiterspielen? Interessiert es sich für das Experiment, das ihm gerade vorgeführt wird, oder würde es jetzt lieber im Rollenspielbereich sein? Oder über einen längeren Zeitraum betrachtet: Möchte das Kind wirklich jeden Montagnachmittag an dem Sprachkurs teilnehmen? Möchte es jeden Dienstag das Resilienztraining „über sich ergehen" lassen? Und was ist, wenn es bei einem Experiment „Feuer gefangen" hat, viele Fragen stellt, eigene Ideen äußert und diese nun durch weitere Experimente überprüfen will? Wird es dann auf die nächste Woche vertröstet?

Die Bildungspläne haben überraschend schnell zu einer „Verschulung" von Kindergärten geführt. Kleinkindheit wird nun vor allem über das gezielte Lernen, die nach Bildungsbereichen differenzierten Angeboten, den Umgang mit Symbolen und Texten, die Betonung kognitiver Inhalte und die Fremdbestimmung definiert (Fölling-Albers 2008). Viele Bildungsbereiche entsprechen späteren Schulfächern wie Deutsch, Mathematik oder Sachkunde und gewichten abstrakte Inhalte besonders hoch. Zudem werden wie in der Schule die „Leistungen" der Kleinkinder erfasst (z.b. durch Sprachtests). Fölling-Albers (a.a.O., S. 37) verdeutlicht die Tendenz einer „Scholarisierung" des Kindergartens mit Hilfe folgender (leicht veränderter) Tabelle:

Kindergarten „traditionell"	Kindergarten „scholarisiert"
Situationsansatz	tendenzieller Fachbezug
Umgang mit gegenständlichem Erfahrungsbezug	mehr Umgang mit Symbolen und abstrakten Inhalten
vor allem informelles Lernen	zunehmend mehr formelles Lernen
keine formale Diagnose	Screening: Erfassung von „Risikokindern"
Schwerpunkt: soziale Inhalte	mehr kognitive Inhalte
Spiel/Freispiel („Hier und Jetzt")	Lernen „auf Vorrat" als Vorbereitung auf die Schule

Die Erzieher/innenrolle nähert sich also allmählich der Lehrer/innenrolle an, ohne dass damit eine für Lehrkräfte übliche Bezahlung oder die für diese als notwendig erachtete Vorbereitungszeit verbunden wäre. Damit verlieren gleichzeitig Tätigkeitsaspekte wie z.B. Fürsorge, Pflege und Zuwendung an Bedeutung. Insbesondere bei unter Dreijährigen kann aber auf solche bindungsfördernden Haltungen und Aktivitäten nicht verzichtet werden.

Besonders problematisch ist jedoch, dass bei dieser Verschulung der Kindertagesbetreuung und bei der Verwendung „vorprogrammierter" Bildungsangebote die Forschungsergebnisse von Hirnforscher/innen und Psycholog/innen ignoriert werden – und die Erkenntnisse von Frühpädagog/innen, wie das nachfolgende Kapitel zeigt.

Forschungsergebnisse zur Effektivität frühkindlicher Bildung

In diesem Kapitel werden mit EPPE, REPEY, SPEEL und dem IEA Preprimary Project vier empirische Studien vorgestellt, bei denen wichtige Faktoren ermittelt wurden, die zu einer guten frühkindlichen Bildung beitragen.

EPPE – „Effective Provision of Preschool Education" – ist die erste größere Längsschnittstudie in Europa über die Entwicklung fremdbetreuter Kleinkinder (Sylva et al. 2003, 2004a, b). Sie wurde zwischen 1997 und 2003 in England von Wissenschaftler/innen durchgeführt, die von verschiedenen Universitäten aus miteinander kooperierten. Rund 2.800 Kinder, die an 141 Kindertageseinrichtungen (day nurseries, integrated centres, nursery schools, playgroups etc.) betreut wurden, und mehr als 300 Kinder, die in der frühen Kindheit zu Hause aufwuchsen, wurden zwischen ihrem 3. und 7. Lebensjahr (Ende der 2. Schulklasse) mehrfach getestet. Ferner wurden Daten über die Kinder bei Fachkräften, Eltern und Lehrer/innen sowie über die Familienverhältnisse und die (Qualität der) Kindertageseinrichtungen erhoben.

REPEY – „Research in Effective Pedagogy in the Early Years" – (Siraj-Blatchford et al. 2002) ergab sich aus dem EPPE-Projekt. Es wurden die 14 effektivsten Kindertageseinrichtungen genauer untersucht, also diejenigen, in denen sich laut der EPPE-Studie die Kinder am besten entwickelt hatten. So wurden beispielsweise 46 besonders erfolgreiche Betreuungspersonen und einzelne Kinder in deren Gruppen über einen längeren Zeitraum hinweg beobachtet.

SPEEL – „Study of Pedagogical Effectiveness in Early Learning" – (Moyles/Adams/Musgrove 2002) befasste sich wie REPEY mit der Effektivität frühkindlicher Bildung. Hierzu wurden 27 Leiter/innen von Kindertageseinrichtungen und 18 Fachkräfte interviewt sowie 213 Eltern mit Hilfe eines Fragebogens befragt.

Das IEA Preprimary Project wurde in drei Phasen zwischen 1986 und 2006 durchgeführt. Es wurde von der International Association for the Evaluation of Educational Achievement (IEA) finanziert und von der High/Scope Educational Research Foundation koordiniert. Am IEA Preprimary Project beteiligten sich zunächst 15 Nationen.

Erfasst wurden z.B. die Formen der Kindertagesbetreuung in dem jeweiligen Land, deren Charakteristika und Nutzung, die pädagogische Arbeit und besondere Eigenschaften der Fachkräfte sowie Daten über die betreuten Kinder und deren Familien. Dabei wurden in den teilnehmenden Ländern dieselben Erhebungsinstrumente eingesetzt.

An der dritten Phase beteiligten sich nur noch 10 der 15 Staaten, und zwar Finnland, Griechenland, Hongkong, Indonesien, Irland, Italien, Polen, Spanien, Thailand und die USA. Per Beobachtung und mit Hilfe von Fragebögen wurden Informationen über das Verhalten von mehr als 1.500 vierjährigen Kindern in der jeweiligen Kindertageseinrichtung, über die Einstellungen und das Verhalten der sie betreuenden Fachkräfte sowie über die Interaktionen zwischen den Erwachsenen und den Kindern gesammelt. Ferner wurden die kognitiven Fähigkeiten und die Sprachentwicklung der Kinder getestet, zunächst mit vier und später mit sieben Jahren.

Zur Bedeutung des Freispiels

Montie, Claxton und Lockhart (2007) von der High/Scope Educational Research Foundation fassten die Ergebnisse des IEA Preprimary Projects wie folgt zusammen: „Im Alter von sieben Jahren erreichten diejenigen Kinder,

- deren Vorschullehrer/innen oder Betreuer/innen mehr Jahre an Bildung erfahren hatten, höhere Sprachwerte;
- die mehr Gelegenheiten in der Kita hatten, ihre Aktivitäten selbst zu wählen anstatt ihre Zeit in persönlicher Betreuung (wie Händewaschen, Essen oder Ankleiden) und mit gemeinschaftlichen Beschäftigungen (wie Zeigen und Erzählen) zu verbringen, höhere Sprachwerte;
- die mit vier Jahren weniger Zeit in Aktivitäten mit der ganzen Gruppe verbrachten, höhere kognitive Werte;
- die in Kita-Räumen mit einer größeren Zahl und Vielfalt von Materialien waren, höhere kognitive Werte.

Mit anderen Worten, siebenjährige Kinder schnitten bei Sprachtests besser ab, wenn in ihren vorschulischen Einrichtungen die freie Wahl von Aktivitäten im Vordergrund stand und wenn ihre Erzieher/innen mehr Ausbildungsjahre absolviert hatten. Sie waren besser bei kognitiven Tests, wenn sie mehr Zeit in der Kita mit Aktivitäten in der Kleingruppe, für sich alleine oder mit ein oder zwei anderen Kindern verbracht hatten und wenn sie Zugang zu einer größeren Zahl und Vielfalt von Materialien hatten (...)" (S. 23).

Diese vier Ergebnisse wurden gleichermaßen in allen an der Studie teilnehmenden Ländern erzielt – trotz der großen kulturellen Unterschiede zwischen Ländern wie z.b. Finnland, Polen, Indonesien oder den USA. Dies spricht für universal geltende Beziehungen zwischen bestimmten Charakteristika vorschulischer Betreuung auf der einen und der sprachlich-kognitiven Entwicklung auf der anderen Seite.

Aus den Forschungsergebnissen lassen sich laut Montie, Claxton und Lockhart (2007) folgende Konsequenzen für die pädagogische Arbeit in Kindertageseinrichtungen ziehen:

- Kinder sollten ihre Lernerfahrungen eigenaktiv und selbsttätig gestalten können, also viel Zeit für das Freispiel bzw. für selbstbildende Aktivitäten haben, die sie entweder alleine oder mit wenigen anderen Kindern durchführen. Sie können sich dann mit Materialien und Tätigkeiten beschäftigen, die ihren aktuellen Interessen, Lernwünschen und Entwicklungsbedürfnissen entsprechen, und dabei in dem ihnen eigenen Tempo vorgehen.
- Freispielphasen sollten relativ lang sein, sodass sich beispielsweise anspruchsvollere Rollenspiele oder komplexere Bautätigkeiten mit verschiedenen Materialien entwickeln können, die entsprechend viel Zeit benötigen (empfohlen werden 45 bis 60 Minuten). In solchen Situationen kommt es besonders oft zu kognitiv anregenden Interaktionen zwischen einzelnen Kindern, bei denen sie z.B. Rollen verteilen und diskutieren, Pläne schmieden, Probleme eigenständig lösen, mit Materialien experimentieren oder Spielregeln festlegen. Leistungen, Lernerfolge und ausgefallene Ideen der Kinder

sollten von den Fachkräften entsprechend gewürdigt und verstärkt werden.

- Insbesondere während der Freispielzeit ergeben sich viele Möglichkeiten für Erzieher/innen, sich als Spielpartner in das (Rollen-) Spiel einiger weniger Kinder einzubringen und es dann komplexer zu gestalten, sodass die Lernerfahrungen intensiviert werden (was voraussetzt, dass zunächst die Kinder bei ihrer Betätigung beobachtet wurden). Auch können die Fachkräfte mit (einzelnen) Kindern über deren jeweilige Aktivität interagieren und dabei die Sprachentwicklung fördern.

- Aktivitäten mit der ganzen Gruppe (gemeinsame Spiele, Singen, Vorlesen, mathematisch-naturwissenschaftliche Beschäftigungen usw.) sollten im Kita-Alltag bei weitem weniger Raum einnehmen. Sie entsprechen zu wenig den jeweils aktuellen Interessen und dem individuellen Entwicklungsstand der einzelnen Kinder und stimulieren weniger das Lernen und die Kreativität als selbstbestimmte Betätigungen (mit wenigen anderen Kindern). Wenn sich Aktivitäten mit der ganzen Gruppe nicht vermeiden lassen, sollte jedes Kind möglichst die ganze Zeit aktiv sein (z.B. ein Instrument spielen, einen Ball haben, eine Rolle spielen).

- Erzieher/innen sollten mit den Kindern mehr kognitiv anregende Gespräche führen und dabei einen größeren Wortschatz (mehr seltene Wörter) und einen komplexeren Satzbau verwenden, wie dies bei besser gebildeten Personen der Fall ist. Sie können in Spielsituationen Fragen aufwerfen und die Kinder zum Nachdenken, zum Experimentieren oder zum eigenständigen Suchen nach Problemlösungen anregen. Während sich die Kinder mit den neuen Herausforderungen befassen, sollten sich die Fachkräfte zurückhalten, die Kinder beobachten und nur bei Bedarf z.B. durch einige wenige Fragen und Anregungen Unterstützung bieten.

- Für Kleinkinder besonders interessante Materialien sind solche, die viele Verwendungsmöglichkeiten zulassen. Dazu gehören Stoffreste, Bänder, Lederstücke, große Kartons, Plastikgefäße und -flaschen, Knöpfe, Perlen, Rohre, Schrauben usw. – Gegenstände, die im Familienhaushalt oder beim

Heimwerken als „Müll" anfallen, und dementsprechend von Eltern kostenlos zur Verfügung gestellt werden könnten. Die Kreativität wird auch durch Naturmaterialien wie Zweige, Nüsse oder Tannenzapfen angeregt, die von den Kindern bei Ausflügen im Park oder im Wald gesammelt werden können.

- Wartezeiten (z.B. vor dem Mittagessen, bis sich alle Kinder die Hände gewaschen haben; vor Ausflügen, bis alle auf dem Klo waren) sollten nutzbringend gestaltet werden, indem z.B. mit den Kindern gesungen wird oder Fingerspiele gemacht werden.

Ferner sollten Eltern über die Bedeutung des (Frei-) Spiels informiert werden.

Implikationen von Qualitätsunterschieden

Die im Rahmen der EPPE-Studie untersuchten Kindertageseinrichtungen unterschieden sich hinsichtlich ihrer Qualität. Kinder, die besonders gute Tagesstätten besuchten, entwickelten sich im kognitiven und im sozialen Bereich besser als die anderen Kinder – insbesondere wenn sie hier lange Zeit (gemessen in Monaten) betreut wurden. Auch am Ende der 2. Schulklasse erzielten diese Kinder noch bessere Ergebnisse im Lesen und Rechnen bei standardisierten Schulleistungstests. Erziehungsschwierigkeiten und Verhaltensauffälligkeiten waren sehr selten.

Indikatoren einer guten Tagesbetreuung waren z.B. emotional und interaktiv intensive Erzieherin-Kind-Beziehungen, eine höhere Qualifikation des Personals, mehr Wissen der Fachkräfte über das Curriculum und die Entwicklung von Kleinkindern sowie ein hochwertiges pädagogisches Angebot in Bereichen wie Sprachentwicklung, kognitive Förderung, Mathematik und Literacy.

Besser ausgebildete Fachkräfte machten mehr Bildungsangebote und führten häufiger Gespräche, bei denen das Denken der Kinder angeregt, aber nicht dominiert wurde. Wenn schlechter qualifizierte Kolleg/innen mit ihnen zusammen in der gleichen Gruppe arbeiteten, erwiesen sie sich als bessere Pädagog/innen (Modelllernen!).

Charakteristika einer effektiven frühkindlichen Erziehung und Bildung

Generell führten die englischen Fachkräfte mit den Kindern kognitiv ausgerichtete Interaktionen häufiger durch als auf das Sozialverhalten bezogene Gespräche (30% aller Interaktionen). Bei den Erstgenannten handelte es sich überwiegend um direktes Lehren (mehr als 45% aller Interaktionen) und nur selten um gemeinsames längerfristiges Denken (mehr als 5% aller Interaktionen).

Kindertageseinrichtungen waren laut der REPEY-Studie auf dem Gebiet der frühkindlichen Bildung und Erziehung effektiver, wenn

- die Fachkräfte die kognitive und soziale Entwicklung der Kinder als komplementär betrachteten.
- die Mitarbeiter/innen mehr bildende Angebote machten, vor allem in den Bereichen Sprache, Literacy, Naturwissenschaften und Mathematik, und dabei höhere kognitive Anforderungen stellten.
- der Selbst- bzw. Mitbestimmung der Kinder ein hoher Wert beigemessen wurde (in guten Kindertageseinrichtungen wurde mehr als die Hälfte aller Aktivitäten von Kindern initiiert).
- eine Balance zwischen von den Fachkräften bestimmten, qualitativ guten Gruppenangeboten und von den Kindern selbst gewählten, potenziell bildenden Freispielaktivitäten bestand (in den effektivsten Einrichtungen verbrachten die Kinder etwa die Hälfte der Zeit im Freispiel).
- die pädagogischen Angebote altersgemäß differenziert wurden, also jüngere Kinder mehr hinsichtlich ihrer personalen, sozialen, kreativen und emotionalen Entwicklung und ältere Kinder mehr in den Bildungsbereichen Sprache, Literacy und Mathematik gefördert wurden.
- die Fachkräfte die Kinder respektvoll und liebevoll behandelten und auf sie weitgehend positiv reagierten.
- die (Lern-) Bedürfnisse der Kinder häufig systematisch erfasst und die pädagogischen Angebote entsprechend ausgesucht und angepasst wurden.

- die Fachkräfte kontinuierlich nach Gelegenheiten Ausschau hielten, das Lernen der Kinder anzuregen und zu lenken.
- die Kinder ermutigt wurden, neue Erfahrungen zu machen, wenn ihre Bemühungen enthusiastisch begrüßt wurden und wenn sie während ihrer Aktivitäten für ihr Lernen relevantes Feedback erhielten.
- die Fachkräfte Kinder darin unterstützten, sowohl durchsetzungskräftig zu werden als auch ihre Konflikte auf rationale Weise im Gespräch zu lösen.
- auf störende, ablenkende oder problematische Verhaltensweisen der Kinder sofort angemessen reagiert wurde (also den Kindern nicht nur gesagt wurde, sie sollten damit aufhören, oder wenn sie nur abgelenkt wurden) und wenn – falls notwendig – anschließend das Gespräch mit dem jeweiligen Kind gesucht wurde.
- die Fachkräfte intensiv mit den Eltern kooperierten, sie also z.B. über die Entwicklung und die Lernerfolge ihrer Kinder informierten, mit ihnen gemeinsame Bildungs- und Erziehungsziele erarbeiteten und mit ihnen besondere Lernangebote für das jeweilige Kind festlegten.

Positiv wirkte sich auch aus, wenn die Kindertageseinrichtungen familienbildende Angebote machten, die Eltern zur Mitwirkung bzw. Mitbestimmung ermutigten und sozial schwache Eltern darin unterstützen, die familiale Lernumgebung zu verbessern. Letzteres wurde für besonders wichtig gehalten, weil sich der Einfluss der Familie auf die kindliche Entwicklung als größer erwies als der Einfluss der Kindertageseinrichtung: Selbst wenn Tagesstätten qualitativ besonders gut und hinsichtlich der frühkindlichen Bildung sehr effektiv waren, konnte die positive Entwicklung der (Mittelschichts-) Kinder stärker auf lernfördernde Aktivitäten der Eltern als auf die Angebote der Fachkräfte zurückgeführt werden.

Die Bedeutung des gemeinsamen längerfristigen Denkens

Laut der REPEY-Studie wurde die kognitive Entwicklung der Kleinkinder am intensivsten beim gemeinsamen längerfristigen Denken gefördert. Diese Art von Interaktionen trat jedoch – wie bereits erwähnt – nur sehr selten auf. Gemeinsames längerfristiges Denken kam am häufigsten zwischen einem einzelnen Kind und einer einzelnen Fachkraft oder einem anderen Kind vor; eher selten war es in kleineren oder größeren Gruppen zu beobachten. Zumeist trat es im Freispiel auf, wobei sich Interventionen der Erwachsenen in diesem Kontext als besonders effektiv erwiesen.

Selbst in den qualitativ hervorragenden Kindertageseinrichtungen kam gemeinsames längerfristiges Denken also nur selten vor, wurde dann aber von den Fachkräften geplant und bewusst gefördert: „Um dies zu erreichen, ist der Einsatz von Arbeitsblättern und/oder das direkte oder didaktische Lehren wenig hilfreich. Das Rollenspiel ... bietet einen besonders nützlichen Kontext für solche Interaktionen" (Siraj-Blatchford et al. 2002, S. 44), aber auch das Freispiel – sofern sich die Fachkräfte an dem jeweiligen (Rollen-) Spiel beteiligten und durch offene Fragen die Denkprozesse und die Fantasie der Kinder stimulierten. Viele Interaktionen, die zu gemeinsamem längerfristigem Denken führten, wurden auch von den Kindern initiiert.

Gemeinsames längerfristiges Denken setzt laut der REPEY-Studie voraus, dass sich Fachkraft und Kind über den Zweck der jeweiligen Aktivität einigen. Dies ist nur möglich, wenn Erstere den Entwicklungsstand des Kindes kennt, seine kognitive, kulturelle und gesellschaftliche Perspektive versteht und erfasst hat, was es über die jeweilige Thematik weiß bzw. was es versteht. Dann kann die Fachkraft eine Brücke bauen zwischen dem, was das Kind weiß, und dem, was zu wissen es fähig ist. Das heißt, sie muss im Sinne Wygotskis in die „Zone der nächsten Entwicklung" intervenieren.

Nur wenn während der Interaktion Fachkraft und Kind einander wechselseitig verstehen und beide Seiten engagiert sind, können sie in einem mehr oder minder langen Prozess des gemeinsamen Nachdenkens Wissen ko-konstruieren. Die Fachkraft hat darauf zu achten, dass der Lerninhalt für die weitere Entwicklung des Kindes relevant ist. Oft werden in diesem Kontext auch Fertigkeiten bzw. Kompetenzen ko-konstruiert, wobei die Fachkraft den Prozess strukturiert („scaffolding") und von Modelllernen Gebrauch macht. Laut der REPEY-Studie eignen sich Kinder während des gemeinsamen längerfristigen Denkens auch metakognitives Wissen an: Sie denken über ihr eigenes Denken nach und lernen, dieses zu steuern.

Seitens der Autorinnen der REPEY-Studie wurde gefordert, dass in Kindergärten bei weitem mehr Wert auf gemeinsames längerfristiges Denken gelegt werden müsste. Die Fachkräfte sollten intensiver mit einzelnen Kindern interagieren, deren Aktivitäten durch entsprechendes Feedback bereichern und Denkprozesse vor allem durch offene Fragen stimulieren. Diese hätten selbst in den untersuchten, besonders effektiven Tagesstätten nur 5,1% aller Fragen ausgemacht. Durch mehr gemeinsames längerfristiges Denken könnte die frühkindliche Bildung intensiviert werden.

Effektive pädagogische Praxis – ein komplexes Geschehen

Die beim REPEY-Projekt ermittelten Charakteristika einer erfolgreichen frühkindlichen Bildung wurden auch von den im Rahmen der SPEEL-Studie befragten Personen genannt. Hinzu kamen viele weitere Faktoren, die in ganz unterschiedlichen Kombinationen auftreten könnten. Insgesamt wurden 129 Charakteristika in der SPEEL-Studie ermittelt, die sich folgendermaßen systematisieren ließen: (1) Praxis: Interaktionen, Kontext, Planen, Beobachten und Evaluieren; (2) Prinzipien: Rechte der Kinder, Charakteristika guter Lehr- und Lernpraktiken, Rolle der Fachkraft; (3) Professionelles: Fachwissen, Einstellungen und Eigenschaften des Personals.

Einige Beispiele: Eine effektive frühkindliche Bildung zeichnet sich dadurch aus, dass Fachkräfte

- Kindern ermöglichen, im Freispiel und bei anderen selbstbestimmten Aktivitäten eigene Ideen, Interessen und Aufgabenstellungen zu verfolgen und dabei alle Sinne einzusetzen sowie aktiv, selbsttätig und handlungsorientiert zu lernen.

- Denkprozesse und intuitive Theorien der Kinder zu verstehen versuchen und sie bei ihren Bemühungen und Aktivitäten unterstützen.
- mit den Kindern spielen und dabei deren Lernprozesse lenken und ausweiten.
- die Innen- und Außenräume so einrichten bzw. regelmäßig so umgestalten, dass die Kinder immer wieder neue Materialien, Gegenstände und Geräte vorfinden, die Lernerfahrungen stimulieren.
- pädagogische Angebote machen und sich bemühen, die Kinder für eine interessierte und engagierte Mitwirkung zu gewinnen.
- die Zusammenarbeit von Kindern in Kleingruppen fördern, sodass diese kommunikative und soziale Kompetenzen ausbilden, Verständnis für unterschiedliche Perspektiven entwickeln und voneinander lernen können.
- die Kinder genau kennen und sie individuell fördern.
- auf der Ebene der Kinder kommunizieren, ihnen genau zuhören und Wertschätzung für deren Aussagen zeigen.
- eine positive Lernatmosphäre schaffen, Feedback geben, Lernerfolge würdigen und den Kindern vermitteln, dass ihre Aktivitäten sinnvoll sind.
- die Kinder ihr Lernen selbst evaluieren lassen.

Eine effektive Praxis zeichnet sich laut der SPEEL-Studie dadurch aus, dass alle Bildungsbereiche im Verlauf der Zeit angemessen berücksichtigt, die Kinder allseitig gefördert und Einzel-, Kleingruppen- und Gesamtgruppenaktivitäten so ausbalanciert werden, dass die in ihnen liegenden besonderen Lernchancen genutzt werden.

Die referierten Studien stimmen darin überein, dass eine effektive frühkindliche Bildung nur dann erfolgt, wenn die Fachkräfte den Lernbedarf der Kinder genau erfassen und anschließend entsprechende pädagogische Angebote machen bzw. sich ergebende Gelegenheiten nutzen, um Lernprozesse zu stimulieren: „Die Forschung zeigt, dass je mehr Wissen der Erwachsene über das Kind hat, umso besser er es unterstützen kann und umso effektiver das nachfolgende Lernen ist;... Die Hilfestellung seitens des Erwachsenen ist auch wichtig, um Kinder zu ermutigen, auf aktive und teilnehmende Weise zu lernen" (Siraj-Blatchford et al. 2002, S. 48).

Die bei den genannten Studien gesammelten (Praxis-) Erfahrungen sollten auch von deutschen Erzieher/innen berücksichtigt und zur Verbesserung der eigenen pädagogischen Praxis genutzt werden. Die Chancen, die in einer intensiven frühkindlichen Bildung liegen, werden erst zu einem kleinen Teil genutzt...

Die Förderung kognitiver Kompetenzen

Bransford, Brown und Cocking (1999) haben in ihrem Buch „How people learn" vier Faktoren unterschieden, die eine lernfördernde Umwelt in Kindergärten kennzeichnen:

- Wissensvermittlung: Ein Schwerpunkt der pädagogischen Arbeit ist das Lehren von nach bestimmten didaktischen Prinzipien (z.b. Lebensnähe, exemplarisches Lernen) ausgewählten Kenntnissen. Die Kinder sollen Wissen in verschiedenen Lernfeldern erwerben, wobei sie die vermittelten Informationen verstehen, durchdenken und in das bereits vorhandene Wissen integrieren sollen. Es geht dabei nicht um Spezialkenntnisse, sondern um das Gewinnen eines vertieften Überblicks über bestimmte Themenbereiche (Grundlagenwissen).
- Orientierung am Kind: Ausgangspunkt der pädagogischen Arbeit sollte das einzelne Kind sein: seine Kenntnisse, Fertigkeiten, Einstellungen, Werte usw. Die Erzieherin sollte (a) das Kind mit neuen Situationen, Problemen und Fragestellungen konfrontieren, (b) erfragen, was es darüber weiß, denkt und vermutet, (c) falsche Vorstellungen hinterfragen bzw. fehlerhafte Vermutungen durch die weitere Beschäftigung mit dem Objekt oder Thema offensichtlich werden lassen und auf diese Weise kognitive Konflikte erzeugen. So wird das Kind nicht nur fortwährend zum Nachdenken angeregt, sondern es muss auch immer wieder sein Wissen umstrukturieren.
- Kontinuierliche Beurteilung des Kindes: Damit ist keinesfalls die Benotung der Leistungen eines Kindes durch die Erzieherin gemeint. Vielmehr geht es darum, dass die Entwicklung und das Lernen eines Kindes nur allseitig gefördert werden können, wenn die Fachkraft seinen Entwicklungs- und Wissensstand genau kennt. Und da sich dieser bei Kleinkindern sehr schnell ändert, verlangt das fortwährende Beobachtung! Da sich falsche Vorstellungen, Fehlinformationen, Denkfehler usw. in der Regel erst in Interaktionen zeigen, müssen Erzieher/innen viel mit den Kindern diskutieren – im Sinne ei-

nes themenorientierten, sachlichen Gesprächs – und dabei die Aussagen der Kinder hinsichtlich der dahinter liegenden Denkprozesse analysieren. Die Beobachtungen der Fachkräfte müssen dann wieder in die pädagogische Arbeit einfließen: durch Feedback, das Aufzeigen von Fehlern, das Herausstellen von Lernerfolgen (Lob) usw., aber auch durch das Stellen neuer entwicklungsgemäßer Fragen und Aufgaben. So passen Erzieher/innen ihre Angebote immer besser dem Entwicklungsstand des jeweiligen Kindes an – das aber auch lernen sollte, selbst seine Fortschritte zu beurteilen...

- Orientierung an der Gruppe: Wichtig ist, dass die Erzieherin Gruppenprozesse steuert. So sollten sich alle Kinder geborgen und wohl fühlen, vor allem aber das gemeinsame Lernen, Experimentieren, Diskutieren und Erforschen wertschätzen. Die Gruppe wird somit zu einer Gemeinschaft von Lernenden, deren Atmosphäre durch wechselseitiges Motivieren und Kooperationsbereitschaft gekennzeichnet ist. Die Kinder müssen auch die Gewissheit haben, dass sie Fehler machen oder mangelnde Fertigkeiten eingestehen können, ohne von den anderen ausgelacht oder verspottet zu werden.

Deutlich wird, wie wichtig die kompetente Bildungsbegleitung eines jeden Kindes ist. Es muss dort abgeholt werden, wo es steht!

Bei den vier Schwerpunkten – die sich natürlich überschneiden und wechselseitig beeinflussen – steht das kognitive Lernen der Kinder im Vordergrund. Im letzten Teil des Buches werden nun Vorschläge gemacht, wie Erzieher/innen Kinder bei der Aneignung kognitiver Kompetenzen unterstützen können.

Sprachförderung[3]

Eine außerordentlich wichtige, aber oft wenig bewusste Aufgabe von Kindertageseinrichtungen ist die Spracherziehung. Für den späteren Schul- und Berufserfolg ist jedoch mitentscheidend, wie gut die jeweilige Person die deutsche Sprache beherrscht. Während die Bedeutung der Sprachförderung für ausländische Kinder inzwischen allgemein anerkannt ist und in den Bundesländern durch Sonderprogramme unterstützt wird, werden vielerorts die Chancen der Spracherziehung bei deutschen Kindern noch nicht voll ausgeschöpft. Es mangelt an gezielten Aktivitäten zur Erweiterung des Wortschatzes, zur Förderung des Begriffsverständnisses, zur Ausdifferenzierung von Bezeichnungen und zum Erlernen komplexer grammatikalischer Strukturen. Die Spracherziehung verläuft quasi nebenher anstatt gezielt angegangen zu werden. Sie sollte jedoch zum Kernbereich der Bildung in Kindertageseinrichtungen werden.

Die Bedeutung des Gesprächs

Sprachförderung erfolgt weitgehend im Gespräch. Somit sind die Intensität und die Qualität der Kommunikation zwischen Erzieher/innen und Kindern entscheidend: Je mehr Einzel-, Kleingruppen- und Gesamtgruppengespräche stattfinden, je vielfältiger die Themen sind, je komplexer und reichhaltiger die verwendete Sprache ist, umso besser ist die Sprachförderung. Kleinkinder sind neugierig, stellen viele Fragen, haken endlos nach – und so gibt es nahezu kontinuierlich Gesprächsanlässe. Erzieher/innen müssen sie nur erkennen, nutzen, ausbauen und sprachlich bereichern, indem sie z.B. neue oder selten verwendete Wörter einführen, zur Differenzierung von Begriffen anleiten („Ist das nicht eher hellblau als blau?", „Wie nennt man diese Hundeart?") oder durch Nachfragen eine komplexere bzw. verständlichere Darstellung von Gesprächsinhalten aufseiten der

---

[3] Dieses Kapitel ist eine leicht bearbeitete Fassung meines Artikels in Unsere Kinder 2005, 60 (5), S. 2-5. Abdruck mit Genehmigung durch die Redaktion.

Kinder erreichen. Natürlich können Erzieher/innen ebenfalls interessante Gesprächsthemen einbringen, insbesondere solche, auf die Kinder nicht von selbst kommen (würden). Und dies ist z.B. auch in Freispiel-Situationen möglich...

Deutlich wird, dass eine gute Sprachförderung große kommunikative Kompetenzen bei den Erzieher/innen voraussetzt. Diese müssen beispielsweise ein Sprachvorbild sein, gut zuhören können und möglichst viele Fragetechniken beherrschen. Sie sollten Kinder bei Fehlern nicht unterbrechen und diese eher selten direkt korrigieren, da dies den Gesprächsfluss unterbricht und frustrierend wirkt. Stattdessen sollten sie deren Aussagen in ein „besseres" Deutsch umformulieren (paraphrasieren) oder ein falsch ausgedrücktes bzw. verwendetes Wort etwas später korrekt aussprechen bzw. richtig einsetzen.

Erzählen, Vorlesen und Betrachten von Bilderbüchern

Eine große Bedeutung hinsichtlich der Sprachförderung kommt dem Erzählen und Vorlesen zu. Diese Angebote können durchaus ein- bis zweimal pro Tag gemacht werden, wobei sie vorzugsweise in Kleingruppen erfolgen sollten, da sich die Kinder dann leichter konzentrieren. Das Erzählen hat gegenüber dem Vorlesen die Vorteile, dass die Fachkräfte besser Augenkontakt zu den Kindern halten, deren Gemütszustand wahrnehmen und dementsprechend Erzählweise und -tempo variieren können. Dann hören die Kinder genauer und konzentrierter zu, ist die Wahrscheinlichkeit geringer, dass sie unruhig werden oder sich ablenken lassen.

Durch das Erzählen und Vorlesen lernen die Kinder neue Wörter und Begriffe kennen. Außerdem ist die Schriftsprache reichhaltiger und komplexer als die gesprochene Sprache (z.B. mehr Adjektive, mehr Nebensätze und Einschübe). Gedichte, Reime und Wortspiele (wie „Fischers Fritz fischt...") fördern zudem die phonologische Bewusstheit. Roskos, Christie und Richgels (2003) empfehlen, das Vorlesen und Erzählen mit Aktivitäten der Kinder zu verbinden: „Das laute Lesen hat maximales Lernpotenzial, wenn die Kinder Gelegenheiten haben, aktiv teilzuhaben und zu reagieren (...). Dies verlangt, dass [Erzieher/innen] drei Arten von Hilfestellung oder Unterstützung bieten: (a) Aktivitäten vor dem Lesen, die das Interesse und die Neugier der Kinder hinsichtlich des zu lesenden Buches wecken; (b) Denkanstöße und Fragen während des Vorlesens, die Kinder mit dem gelesenen Text aktiv beschäftigt halten; sowie (c) Fragen und Aktivitäten nach dem Vorlesen, die Kindern die Möglichkeit bieten, die gerade gelesenen Bücher zu diskutieren" (S. 57). Beispielsweise können Erzieher/innen während des Erzählens innehalten und die Kinder raten lassen, wie die Geschichte wohl weitergehen wird. Oder sie können nach dem Vorlesen die Kinder z.B. fragen, was ihnen am besten gefallen hat oder wie sie sich in einer vergleichbaren Situation verhalten hätten.

Besonders viele Sprachanlässe ergeben sich beim Betrachten von Bilderbüchern. Diese Aktivität sollte nur mit einigen wenigen Kindern (abgeschirmt von den anderen) durchgeführt werden, sodass jedes die Bilder von nahe sehen kann. Die Erzieherin liest nicht nur den Text vor und zeigt den Kindern das jeweilige Bild, sondern spricht auch mit ihnen über das einzelne Bild. Bei ganz kleinen Kindern kann sie z.B. Dinge auf dem Bild benennen lassen, den Begriff erklären oder erweitern („Welche anderen Haustiere kennt ihr?", „Wozu kann noch ein Feuer verwendet werden?"). Etwas ältere Kinder können bereits Bilder deuten oder Beziehungen zwischen einzelnen Bildern „konstruieren". Bei sehr guten Bilderbüchern können sie sogar die ganze Geschichte selbst anhand der Bilder erschließen; anstatt vorzulesen stellt die Erzieherin also nur Fragen.

Die vielen Details auf den Bildern lassen Kinder oft lange bei einzelnen Bildern verweilen. Hier kann ein Karton mit einem Loch hilfreich sein, der über das Bild bewegt wird. Da immer nur ein kleiner Ausschnitt des Bildes durch das Loch wahrgenommen wird, wird die Aufmerksamkeit auf kleinste Details gelenkt. Die Bilddeutung und die Beschreibung der Details fördern Wortschatz und Sprachbeherrschung; Rückfragen, Erklärungen und Kommentare der Erzieher/innen tragen dazu bei. Zugleich werden neben der Sprachkompetenz auch Beobachtungsfähigkeit, Fantasie und Vorstellungskraft gefördert.

Kinder erzählen lassen

Im Verlauf eines Tages sollten Erzieher/innen die Kinder immer wieder zum Erzählen motivieren. Da Kleinkinder „geborene Erzähler" sind, ergeben sich viele Anlässe von selbst, z.b. wenn ein Kind von einem Familienausflug, einer Fernsehsendung oder einem Traum berichtet. Es kann seine Gedanken und Gefühle in die Geschichte einfließen lassen, Fantasie und Kreativität zeigen, ja sogar über „Gott und die Welt" philosophieren. Durch Rückfragen wird es dazu bewegt, seine Geschichte immer weiter „auszuschmücken". Zugleich werden andere Kinder angeregt, ähnliche Geschichten zu erzählen.

Erzieher/innen können sich verschiedener Methoden bedienen, um Kinder zum Erzählen anzuhalten. Dazu gehören beispielsweise:

- In einer Kleingruppe nennt jedes Kind ein Wort, das in einer Geschichte vorkommen soll. Die Erzieherin beginnt mit dem Erzählen, die Kinder fahren fort. Mit zunehmender Erfahrung erzählen die Kinder von Anfang an.
- „Jedes Kind malt auf ein Kärtchen einen Gegenstand seiner Wahl, eine Figur, ein Tier. Dann werden alle Kärtchen umgedreht, vermischt und verdeckt in eine Reihe gelegt. Wer einen Ball zugeworfen bekommt, beginnt mit dem Erzählen. Das Kind deckt die erste Karte auf und beginnt eine Geschichte, in der die Abbildung vorkommt. Wenn es keine Lust mehr hat, dann wirft es den Ball einem anderen Kind zu. Die folgende Karte wird aufgedeckt und die Geschichte fortgesetzt" (Becker-Textor 1992, S. 126). Mit zunehmender Erfahrung kann der Ball durch einen Würfel ersetzt werden: Das jeweilige Kind muss so viele Karten aufdecken, wie der Würfel Augen zeigt, und alle Abbildungen in seinem Teil der Geschichte erwähnen.
- Die Erzieherin legt Kindern in einer Kleingruppe mehrere Bilder oder Fotos vor. Die Kinder erfinden dazu eine Geschichte.
- Das Erzählen ist Teil eines Projekts oder ergibt sich „automatisch" aus anderen Aktivitäten. Wurde z.B. mit Kindern eine Burg besichtigt, werden diese hoch motiviert sein, Ritterge-

schichten zu erfinden. Oder im Rahmen eines Projekts „Indianer" werden Kinder erzählen, wie Indianer wohl Tiere gejagt, ihre Tipis ausgestattet oder mit Weißen Kontakt aufgenommen haben...

Geschichten der Kinder (oder der Erzieher/innen), Bilderbuchtexte, Märchen, Sagen etc. können im Rollenspiel dargestellt oder gemeinsam zu Theaterstücken (auch für das Puppentheater oder Schattenspiel) erweitert werden. Mit Unterstützung der Fachkräfte werden die Rollen weiter ausgestaltet, eventuell sogar Kostüme, Requisiten und Kulissen gebastelt. Die Theaterstücke können auch den Eltern vorgespielt werden – relativ informell nach Vorankündigung zu Beginn der Abholzeit bzw. eher formell bei Festen oder anderen Veranstaltungen. Dies ist zugleich ein Beitrag zur Öffentlichkeitsarbeit der Kindertageseinrichtung.

Literacy-Erziehung[4]

Das Fördern von Literacy, der Lese- und Schreibkompetenz, bedeutet nicht, dass Kindergartenkinder Lesen und Schreiben lernen sollen. Erfahrungen wie mit dem „Frühlesen" (Lückert) haben schon in den 1970er Jahren gezeigt, dass dies nicht sinnvoll ist. In Kindertageseinrichtungen können aber erste Erfahrungen mit der Erzähl-, Buch- und Schriftkultur vermittelt und auf diese Weise wichtige „Vorläuferkompetenzen" gezielt gefördert werden: Freude an (Bilder-) Büchern, Vertrautheit mit der literarischen bzw. Schriftsprache, Wissen um die Schrift, Interesse am (späteren) Erlernen von Lesen und Schreiben etc.

Eine große Bedeutung hinsichtlich der Literacy-Erziehung kommt dem Vorlesen zu. Die Erzieher/innen können Märchen, Sagen oder Mythen erzählen, Gedichte vortragen oder aus Kinder- und Bilderbüchern vorlesen. Aber auch Auszüge aus Büchern für andere Altersgruppen, informative Texte oder Lexikonartikel sind geeignet,

---

[4] Leicht bearbeite Fassung meines Artikels in Welt des Kindes 2005, Heft 3, S. 43-44. Mit Genehmigung des Kösel-Verlags.

wenn sie für Kleinkinder interessant und verständlich sind bzw. von den Erzieher/innen entsprechend elementarisiert werden. Durch das Vorlesen lernen Kinder nicht nur Bücher kennen, sondern auch die Schriftsprache. Vor allem aber werden sie mit der „de-kontextualisierten" Sprache vertraut gemacht. Diese ermöglicht die Übermittlung von Informationen, ohne dass „Sender" und „Empfänger" einander kennen bzw. ohne dass der „Empfänger" die beschriebene Situation bzw. den Kontext miterlebt. Während in der alltäglichen Kommunikation der Zuhörer rückfragen und der Sprecher seine Aussagen klarifizieren kann, muss ein Autor so schreiben, dass seine Geschichte, sein Märchen oder der informative Text noch nach Jahren für andere Menschen verständlich ist. So muss er beispielsweise eine Landschaft, ein Gebäude oder einen Gesichtsausdruck genau beschreiben. Das verlangt ein anderes Vokabular, als wenn man zu seinem Gesprächspartner sagt: „Schau 'mal, so eine schöne Blüte!"

Während der gesamten Schulzeit werden sich Kinder überwiegend mit Texten und Aussagen in der de-kontextualisierten Sprache auseinandersetzen – deshalb sollten sie diese bereits aus dem Kindergarten kennen. Aber auch wenn sie z.B. Wochenend- oder Urlaubserlebnisse in der Kindergruppe erzählen wollen, müssen sie diesen Sprachstil beherrschen.

Insbesondere Bilderbücher, aber auch Fotobände und Sachbücher mit vielen Abbildungen, können von den Kindern alleine oder zu zweit in der Leseecke betrachtet werden. Ungestört von anderen können sie sich in einzelne Bilder hinein vertiefen. Deshalb sollte die Leseecke im Raum klar abgegrenzt und gemütlich ausgestattet sein. Selbstverständlich sollten alle Bücher für die Kinder frei zugänglich sein. Können sie auch ausgeliehen werden, dann können sie daheim zusammen mit den Eltern angeschaut bzw. gelesen werden. Auf diese Weise werden bildende Aktivitäten in die Familie hineingetragen. Zugleich machen die Kinder erste Erfahrungen mit einem Büchereisystem (Karteikarten, Ausleihfristen usw.).

Das Vorlesen und insbesondere das Betrachten von Büchern fördern Literacy auch dadurch, dass Kinder in die Buch- und Schriftkultur eingeführt werden: Sie lernen die Bestandteile von Büchern (Einband, Titelseite, Inhaltsverzeichnis, Kapitel, Abschnitte, Sätze, Wörter usw.) und den Umgang mit ihnen kennen (richtiges Halten von

Büchern, Umblättern...). Wichtig ist, dass sie eine generell positive Einstellung zu Büchern entwickeln, da dies später zu Lesemotivation und -freude führen wird.

Beim Vorlesen und bei der Beschäftigung mit Büchern erkennen Kinder ferner den Zusammenhang zwischen Buchstaben und dem gesprochenen Wort. Diese Erkenntnis kann von den Erzieher/innen laut Roskos, Christie und Richgels (2003) beispielsweise auf folgende Weise gefördert werden: „Wenn sie erklären: ‚Dies meint Goldfisch. Erinnert ihr euch an unseren Goldfisch? Wir nannten ihn Baby Flipper. Wir schrieben seinen Namen auf das Aquarium', dann helfen sie Kindern, den Zusammenhang zwischen geschriebenen Wörtern, Sprache und realen Erfahrungen zu verstehen" (S. 53). Die Kinder fragen dann nach dem Alphabet, malen eventuell einzelne Buchstaben nach oder erfinden ihre eigene „Schrift". Das Interesse am Schreiben und an der Schrift kann z.B. noch dadurch gefördert werden, dass Rollenspiele mit Schreibszenen angeregt werden, im Gruppenraum ein „Büro" eingerichtet wird, in Anwesenheit der Kinder Notizen und Einkaufslisten erstellt oder Briefe geschrieben werden, Wochenpläne ausgehängt und mit den Kindern besprochen werden oder bei Ausflügen nach Geschriebenem Ausschau gehalten wird (Straßenschilder, Autokennzeichen, Werbung...).

Wie bereits erwähnt, sollten Erzieher/innen Kleinkinder zum Erzählen motivieren. Ferner können sie sich z.B. von den Kindern erfundene Geschichten diktieren lassen (auch an der Schreibmaschine oder am Computer). Die Kinder erkennen hier den Zusammenhang zwischen Gesprochenem und Geschriebenem bzw. Getipptem – und dass ihre Erzählungen auf diese Weise auf Dauer erhalten bleiben. Die Geschichten können dann illustriert und eventuell sogar zu einem Buch zusammengefasst werden – alles Aktivitäten im Rahmen der Literacy-Erziehung.

Selbstverständlich können z.B. bei Projekten auch Ergebnisse von Beobachtungen, Experimenten oder Interviews den Erzieher/innen diktiert und die Texte zusammen mit Zeichnungen, Fotos und anderen Materialien dokumentiert werden. Solche Dokumentationen sind übrigens ein zentrales Element der Reggio-Pädagogik.

Sinnesschulung[5]

Da in der frühen Kindheit das Denken zunächst noch sehr stark an Wahrnehmung und Anschauung geknüpft ist, gilt es, die Sinne der Kinder zu schulen. Lück (2003) schreibt: „Demnach ist also das Kindesalter die Zeit, in der die sinnliche Wahrnehmung in der Entwicklung nicht nur der Sprache zeitlich vorausgeht, sondern auch zur Entwicklung von Denkoperationen bzw. von Sprache beiträgt. Naturgemäß kommt den Sinnen in keiner anderen Lebensphase diese entscheidende Rolle zu; möglicherweise ist es daher die Lebensphase, in der man von einem Vorrang der Sinne vor dem Denken sprechen kann" (S. 95).

So sollten dem Kleinkind viele Gelegenheiten gegeben werden, sich mit ganz unterschiedlichen Objekten zu befassen und möglichst vielfältige Beobachtungen zu machen – auch außerhalb des Kindergartens. Je reichhaltiger und vielseitiger die Wahrnehmungen sind, umso mehr Wissen kann sich das Kind über die dingliche, soziale und kulturelle Welt aneignen. Um Kinder beim Wahrnehmen unterstützen zu können, müssen manche Erzieher/innen noch ihren Blick schärfen und lernen, wie Kinder auch kleine Dinge zu sehen, geduldig zu beobachten und zu staunen. Dann fällt ihnen auf, dass Kleinkinder vieles anders sehen, sich z.B. oft auf scheinbar Unwichtiges, Nebensächliches und Wertloses konzentrieren, und aufgrund ihrer intensiven Aufmerksamkeit häufig mehr Details als Erwachsene erkennen.

Die Erzieherin sollte dem Kleinkind beim Verbalisieren der Beobachtungen helfen, weil auf diese Weise Wahrnehmungen bewusster werden und z.B. bei Unvollständigkeit oder Einseitigkeit ergänzt werden können. Fällt beispielsweise auf, dass das Kind vor allem auf die Größe von Objekten achtet, kann seine Aufmerksamkeit auf Gewicht, Farbe, Form und Beweglichkeit gelenkt werden. Nimmt es vor allem mit den Augen wahr, sollten ihm viele Gelegenheiten zum Tasten, Riechen, Schmecken und Hören geboten werden.

---

[5] Dieses und die beiden folgenden Kapitel sind eine leicht bearbeitete und ergänzte Fassung meines in klein & groß 2005, Heft 9, S. 34-37, erschienenen Artikels. Mit Genehmigung des Beltz-Verlags.

Die Erzieherin sollte beim Verbalisieren der Wahrnehmungen auch aus dem Grund helfen, weil sie sich nur so ein Bild von relevanten Fähigkeiten des Kleinkindes machen kann. Das Beobachten ist eine höchst komplexe Leistung, die nicht nur den richtigen Einsatz aller in Frage kommenden Sinne umfasst, sondern auch Aufmerksamkeit und Konzentration, das Auswählen relevanter Informationen aus der Unmenge der auf das Kind einströmenden Eindrücke, den Perspektivenwechsel (z.b. müssen alle „Seiten" eines Objekts oder Phänomens wahrgenommen werden), das Analysieren, Interpretieren, Bewerten, Ordnen und Kategorisieren der Informationen, das Abstrahieren (z.b. wenn dieser Ball so und so aussieht und sich so und so verhält, dürften sich andere runde Gegenstände ähnlich verhalten...) und schließlich das Abspeichern der verarbeiteten Informationen – wobei diese Prozesse natürlich sehr schnell und weitgehend unbewusst ablaufen.

Das Verbalisieren von Wahrnehmungen ist auch deshalb wichtig, weil dann die Erzieherin dem Kind genauere, also passende oder detaillierte Begriffe vermitteln kann. Schließlich ist der Wortschatz des Kleinkindes begrenzt, werden manche Begriffe nicht richtig verstanden, sind manche Kategorien noch nicht voll ausgebildet – die Qualität des Denkens ist aber zu einem großen Teil von dem Ausmaß der Sprachbeherrschung abhängig. So muss das Kind lernen, korrekt zu sprechen, genau zu beschreiben und sich explizit auszudrücken. Die Rückmeldungen der Erzieherin sind dabei sehr hilfreich, da sie ihm verdeutlichen, inwieweit seine Aussagen und Botschaften verstanden wurden.

Die Wissensaneignung unterstützen

Je besser ein Kleinkind spricht und – vor allen Dingen – je besser es die Aussagen anderer Menschen versteht, umso mehr können Wissenserwerb und Denkprozesse auf rein verbale Weise erfolgen. Wenn Erzieher/innen sich genügend Zeit nehmen und viel Geduld aufbringen, kann das Kind gedanklich in „höchste Sphären" vordringen und sich große Kenntnisse in Teilbereichen aneignen.

Becker-Textor (1992) schreibt: „Wir alle kennen die unendlichen Warum-Fragen. Nie sind die Kinder mit der Antwort zufrieden. Wenn wir Erwachsenen glauben, endlich eine treffende Antwort gefunden zu haben, reagiert das Kind mit einem erneuten Warum. Während wir ihm antworten, ist ihm schon eine neue Frage gekommen" (S. 18). Gehen Erzieher/innen auf die Warum-Fragen eines Kindes ein und ermutigen sie es, weiter zu fragen, dann werden sie bald mit dem Kind philosophieren, tief gehende theologische oder psychologische Gespräche führen (über Gott, Tod, Trauer, Angst...) und mit ihm nach Antworten auf wissenschaftliche Fragen suchen, auf die Fachkräfte von sich aus nicht gekommen wären (z.B. „Warum ist der Himmel blau?", „Warum scheint die Sonne?", „Wieso fliegt eine Libelle anders als ein Vogel?", „Wie kommt der Strom in die Steckdose?").

Lassen sich Erzieher/innen auf solche Fragen ein, müssen sie oft wie Kleinkinder zu „Forscher/innen" werden – einfach „aus dem Bauch heraus" können diese nämlich nicht beantwortet werden. Schnell stoßen die Fachkräfte an die Grenzen ihres Wissens, insbesondere wenn sie Nachfragen zulassen. Aber erst dann wird der Kindergartenalltag so richtig interessant! Gemeinsam mit den Kindern gehen die Fachkräfte auf die Suche nach relevanten Informationen – bei komplexeren Fragen und bei Interesse einer größeren Gruppe von Kindern eventuell im Rahmen eines Projekts (vgl. Textor 2020a).

Und dann sind Erzieher/innen und Kinder bald Spezialisten auf dem Gebiet der Raubkatzen, des mittelalterlichen Lebens, unseres Sonnensystems oder des Orchesterwesens. Schließlich gibt es für Kindergärten keine Lehrpläne, ist exemplarisches Lernen die Regel – und so kann jede Gruppe ganz individuellen Interessen folgen. Bei einer entsprechenden Planung und Steuerung durch die Erzieher/innen kann sichergestellt werden, dass im jeweiligen Projekt die meisten der in den Bildungsplänen der Bundesländer genannten Kompetenzen gefördert werden. So können sich die Fachkräfte guten Gewissens auch auf „exotischere" Themen einlassen...

Das Denken verstehen

In der Kindergartenzeit denken Kleinkinder noch laut: Sie äußern offen ihre Absichten und Gedanken, begleiten ihre Aktivitäten mit einem konstanten Redefluss, steuern ihre Handlungen sprechenderweise und verbalisieren sofort neue (Lern-) Erfahrungen. Weil sie fortwährend ihre Gedanken ausdrücken müssen, ist es für sie so schwer, auch einmal still zu sein. Bailey und Brookes (2003) schreiben: „Eine Fachkraft, die einem Fünfjährigen sagt: ‚Sitze still und spreche nicht, während ich diese Geschichte vorlese', sagt im Grunde zu dem Kind: ‚Sitze still und denke nicht, während ich diese Geschichte vorlese'" (S. 48). Erzieher/innen sollten nicht erwarten, dass Kleinkinder längere Zeit ruhig sitzen bleiben oder in einer größeren Gruppe (Stuhlkreis, Kinderkonferenz) lange warten, bis sie endlich drankommen und etwas sagen dürfen. Viel sinnvoller wäre es, kleine Gruppen zu bilden, in denen die Kinder miteinander interagieren.

Erzieher/innen sollten beim konstanten Redefluss der Kinder genau hinhören, empfehlen Bailey und Brookes (2003), denn hier haben sie direkten Zugang zu deren Kognitionen. So können sie beispielsweise erkennen, welches Verständnis die Kinder von Objekten und Phänomenen haben, mit denen sie sich gerade beschäftigen, oder wie sie mit neuen Herausforderungen umgehen und Probleme lösen.

Wenn Erzieher/innen die Aufmerksamkeit der Kinder auf ihr lautes Denken lenken, können sie ihnen helfen, mentale Phänomene und Prozesse zu verstehen. Flavell und Hartman (2004) empfehlen außerdem: „Verbalisieren Sie laut Ihren Gedankenstrom und erklären Sie, dass das, was die Kinder hören, die inneren Gedanken (Ideen, Erinnerungen, Gefühle, Wünsche usw.) sind, die Sie gerade erleben. Schließen Sie die Augen, schauen Sie für ein paar Sekunden nachdenklich drein und dann berichten Sie, was Sie gerade gedacht haben" (S. 106). Auf diese Weise unterstützen Erzieher/innen auch die Verinnerlichung des lauten Denkens. Zugleich motivieren sie die Kinder dazu, von Zeit zu Zeit „Denkpausen" einzulegen.

Weiterhin können Erzieher/innen bei passender Gelegenheit Kindern bewusst machen, dass sie gerade etwas erinnert oder vorausgedacht haben. Sie können mit ihnen über Gedanken, Empfindungen, Vorstellungen usw. sprechen – und sie einmal auffordern, nicht zu denken (geht nicht) oder die Gedanken zu kontrollieren (geht nur begrenzt). Ferner können sie die Kinder beim Erzählen unterbrechen und sie z.b. fragen, warum wohl der Freund so gehandelt hat, oder sie beim Betrachten von Bildern und Fotos fragen, was die abgebildete Person wohl gerade denkt. Bei der letztgenannten Frage werden die Kinder sicherlich verschiedene Antworten geben. So werden ihnen individuelle Unterschiede beim Denken bewusst: Obwohl alle das gleiche Bild sahen, haben sie etwas anderes gedacht. Durch all diese Aktivitäten unterstützen die Erzieher/innen die Kinder bei der Entwicklung einer „Theorie des Denkens" (s.o.).

Zu planen lernen

Das Planen ist eine der wichtigsten kognitiven Fähigkeiten. Sie erlaubt es Menschen, sich ihrer Ziele und Absichten bewusst zu werden, Handlungen und Aktivitäten (mit denen diese erreicht werden könnten) zunächst „im Kopf" zu entwickeln, deren Konsequenzen zu bedenken, mögliche Wege zur Lösung von Problemen gedanklich zu testen, sich für eine Alternative zu entscheiden, Handlungsschritte festzulegen und schließlich die Effektivität bzw. Effizienz des eigenen Handelns zu überprüfen.

Kleinkinder sind durchaus fähig, einfache Pläne zu entwickeln und später von ihren Erfahrungen zu berichten. Ältere Kindergartenkinder können schon mehrstufige Pläne machen und die damit gesammelten Erfahrungen hinterfragen und nach Erklärungen suchen. Deshalb sollten Erzieher/innen prinzipiell jede Chance nutzen, um Kinder zum Planen zu motivieren, wobei sie z.B. die folgenden Strategien einsetzen können:

- Die Kinder sollten möglichst viele Aktivitäten planen – in Kleingruppen, wenn es z.B. darum geht, was die jeweiligen Kinder in der Freispielzeit machen wollen, oder in der ganzen Gruppe, wenn z.B. ein Fest, das Programm für die kommende Woche oder ein Projekt (bzw. die nächste Projektphase) geplant wird. Die Erzieher/innen helfen ihnen, sich ihrer Bedürfnisse bewusst zu werden, ihre Absichten und Ziele zu formulieren, Handlungsoptionen zu erkennen, die notwendigen Materialien und Rahmenbedingungen zu identifizieren sowie festzulegen, wo und mit wem die jeweiligen Aktivitäten durchgeführt werden sollen.

- Die Fachkräfte sollten unterschiedliche Meinungen und Einstellungen der Kinder akzeptieren und diese darüber in der Gruppe diskutieren lassen. Das Planen geschieht schließlich nicht in einem „luftleeren Raum", sondern interaktiv in einem sozialen Kontext: Auch die Bedürfnisse, Wünsche, Ziele, Vorschläge usw. der anderen Kinder müssen berücksichtigt werden; der Plan ist letztlich ein von mehreren Personen ausgehandelter Kompromiss.

- Erzieher/innen sollten genau zuhören, wenn Kinder etwas planen. Sie erkennen dann, wie weit diese schon vorausdenken können und inwieweit sie alle wichtigen Aspekte berücksichtigen.

- Wirken die Pläne noch recht „unausgereift", können die Fachkräfte Fragen stellen, die Ideen der Kinder ergänzen, sie auf relevante Materialien und Geräte hinweisen (usw.), sodass die Kinder ihre Pläne weiter ausgestalten können. Aber sie sollten sich davor hüten, den Kindern ihre Vorschläge „überzustülpen". Wenn sie möglichst nur offene Fragen stellen, motivieren sie die Kinder zum Nachdenken.

- Wenn möglich und sinnvoll, lassen Erzieher/innen die Pläne dokumentieren, beispielsweise durch Zeichnungen, oder die Ideen der Kinder aufschreiben.

- Bei längerfristigen Aktionen wie z.B. Projekten lassen die Fachkräfte die Kinder von Zeit zu Zeit ihre Pläne mit dem vergleichen, was sie gerade tun. Sie ermutigen sie gegebenenfalls, ihre Pläne zu ergänzen.

- Die Erzieher/innen sollten das kommentieren, was die Kinder gerade machen. Diese werden sich so ihrer Erfahrungen bewusst, denken über sie nach und können sie später besser erinnern. Zugleich wird ihr Wortschatz erweitert, wenn die Fachkräfte neue Begriffe, Adjektive und Adverben einbringen.

- Die Erzieher/innen können sich diktieren lassen, was Kinder beobachten, bei Experimenten herausfinden oder zu bestimmten Themen zu sagen haben. Das zeigt ihnen, dass ihre Gedanken wichtig genommen werden und es wert sind, festgehalten zu werden.
- Nach Abschluss der Aktivität, des Projekts, des Fests usw. sollten die Kinder ihren Plan evaluieren. Dokumentationen wie Fotos, Videos, Zeichnungen, Bilder, Bastelarbeiten oder die Notizen der Fachkraft erleichtern es ihnen, Absichten und Handlungen, Ziele und Ergebnisse miteinander zu vergleichen.
- Erzieher/innen sollten an jedem Tag einen Zeitraum vorsehen, in dem die Kinder in Kleingruppen darüber nachdenken, was sie zuvor warum und wie getan haben. Sie sollten sie immer wieder fragen: „Und was habt ihr nun gelernt?"

Insbesondere die beiden letztgenannten Strategien bewirken, dass die Kinder über das Lernen, das Denken und den Wissenserwerb nachdenken. Sie erinnern nicht einfach die jeweiligen Aktivitäten, sondern sie analysieren sie. Auf der einen Seite wird ihnen bewusst, was sie gelernt haben – und dass ist oft etwas anderes, als sie geglaubt haben, gelernt zu haben (z.B. wenn sich Kleinkinder mit der Uhr befasst haben, antworten sie auf eine entsprechende Frage oft, dass sie nun eine Uhr malen oder ablesen können. Erst aufgrund von Nachfragen erkennen sie, dass sie auch einen Begriff bzw. eine Vorstellung von der Zeit gewonnen haben). Die Kinder erinnern sich, reflektieren das Gelernte und speichern es besser im Gedächtnis ab. Auf diese Weise wird der Lernerfolg gesichert, kann das Gelernte später leichter auf neue Situationen übertragen bzw. generalisiert werden.

Auf der anderen Seite wird den Kleinkindern durch die vorgenannte Frage („Was habt ihr nun gelernt?") der Prozess des Lernens bewusst gemacht. Es wird mit ihnen z.B. über ihre Gedanken, falsche Vorannahmen und den Weg gesprochen, wie sie zu der „richtigen" Erkenntnis gekommen sind (z.B. durch genaues Beobachten, Experimentieren oder Gespräche mit Experten). So wird ihnen deutlich, wie man denkt bzw. lernt und auf welche Strategien man dabei zurückgreifen kann.

Ferner setzen die Kinder in dieser Reflexionsphase „nach und nach das, was sie tatsächlich getan haben, in Beziehung mit dem, was sie ursprünglich geplant hatten. Sie entwickeln langsam ein Zweckbewusstsein, wenn sie erkennen, dass das Planen vor dem Tun ihnen die Kontrolle über ihr Handeln während der ganzen Sequenz des Planens, Arbeitens und Erinnerns gibt" (Shouse 2000, S. 163). Epstein (2003) ergänzt: „Wenn man Kinder zum Planen und Reflektieren bewegt, macht man sie zu mehr als rein Handelnde, die vorgeschriebene Rollen erfüllen. Dies verwandelt sie in Künstler und Wissenschaftler, die Dinge geschehen lassen und Sinnvolles für sich und andere schaffen" (S. 36). Sie lernen, die Initiative zu ergreifen, ihre eigenen Interessen zu verfolgen, Probleme zu lösen und Konflikte zu bewältigen. Auch verbessern die Kinder ihre Fähigkeiten, etwas vorherzusagen, zu analysieren und zu evaluieren – Kompetenzen, die dem mathematischen und wissenschaftlichen Denken zugrunde liegen. Schließlich entwickeln sie die Haltung, dass sie ihre (soziale) Umwelt beeinflussen und verändern können, aber auch, dass sie für sich und andere verantwortlich sind.

Zum Nachdenken anregen

Laut Forman und Kuschner (1990) wird die Weiterentwicklung von Kleinkindern vor allem dadurch stimuliert, wenn diese „verwirrt" sind bzw. einen kognitiven Konflikt verspüren (kognitive Dissonanz). Somit müssen Erzieher/innen für die Kinder eine Umwelt schaffen, in der diese immer wieder mit neuen Problemen konfrontiert werden, widersprüchliche bzw. „diskontinuierliche" Erfahrungen machen oder sich selbst Fragen stellen. Dann sind Kinder neugierig und intrinsisch motiviert. Sie versuchen, durch gemeinsames längerfristiges Denken die sich selbst gestellten Fragen zu beantworten bzw. die kognitiven Konflikte zwischen Vorwissen und andersartigen Erfahrungen zu lösen, um wieder „Kontinuität" zu erfahren. Die Kinder „konstruieren" ein neues Verständnis bzw. neue Kenntnisse, indem sie Beziehungen zwischen Gegenständen, Prozessen,

Beobachtungen, Erfahrungen usw. herstellen. Dazu müssen sie oft auch handelnd aktiv werden, also z.B. Objekte verändern oder mit Materialien experimentieren. Die Auflösung der kognitiven Dissonanz ist an sich schon befriedigend – was aber eine positive Würdigung seitens der Fachkräfte nicht ausschließen sollte.

Erzieher/innen können somit die kognitive Entwicklung dadurch fördern, dass sie Kleinkinder mit Situationen und Materialien konfrontieren, die ein aktives Handeln, ein Erforschen, Untersuchen und Experimentieren stimulieren. Beispielsweise legen sie vor Beginn der Freispielphase bestimmte Materialien in den verschiedenen Lernbereichen des Gruppenraums aus. Dann beobachten sie, wie sich die Kinder mit den für sie neuen Gegenständen befassen.

Die Erzieher/innen werden erst aktiv, wenn sie einen Eindruck davon haben, was die jeweilige Kleingruppe vorhat. Gelegentlich müssen sie auch zunächst das Interesse der Kinder an den Objekten wecken, indem sie Fragen stellen oder Vorschläge äußern. Vereinzelt machen sie vor, was man mit den Materialien alles tun kann. Ansonsten beobachten die Fachkräfte die Kinder und versuchen herauszufinden, was diese denken. Sie achten darauf, ob die Kinder bestimmte Phänomene erzeugen, wahrnehmen, erklären und in Beziehung zueinander oder zu ihrem Handeln setzen. Ist dies nicht der Fall, stellen die Erzieher/innen Fragen wie „Was meinst du wird passieren, wenn ...", „Wie hast du das gemacht?" oder „Warum geschah das wohl?"

Von besonderer Bedeutung ist also die Fragetechnik der Fachkräfte: Durch indirektes Fragen, Hinweise und Vorschläge motivieren sie das Kind, seine Aktivitäten in die angezielte Richtung auszuweiten, oder lenken sein Interesse auf bestimmte Phänomene und Ereignisse. Durch gezieltes Nachfragen können sie das Kind bewegen, etwas zu beobachten oder über das Geschehene nachzudenken, damit es einen höheren Grad an Verständnis erreicht bzw. die jeweils möglichen Schlüsselerfahrungen macht. Offene Fragen führen zu längeren Interaktionen zwischen Kindern oder zwischen Kind und Fachkraft.

Jedoch dürfen Erzieher/innen nicht auf eine Weise eingreifen, die von den Kindern als störend erlebt wird, also sie von ihrem Vorhaben ablenkt, Handlungsabläufe unterbricht und ihre intrinsische Motivation verringert. Vielmehr sollten sie Zeitpunkte abwarten, zu denen Kinder etwas Neues entdeckt haben, gerade gelernte Fertigkeiten ein- oder zweimal wiederholt haben oder eine Pause machen. Dann können die Erzieher/innen die Lernerfahrungen intensivieren oder ausweiten, indem sie z.b. diese für das Kind zusammenfassen, weiterführende Fragen stellen oder eine neue Aufgabe formulieren. Sie lassen die Kinder Bestandteile und Charakteristika eines bestimmten Objekts identifizieren, deren Zusammenspiel erforschen oder die Funktion des Gegenstandes entdecken. Oft fordern die Erzieher/innen sie auf, etwas von einem anderen Blickwinkel aus zu betrachten. Insbesondere bei jüngeren Kindern machen sie manchmal auch vor, wie man Gegenstände untersuchen kann oder welche Fertigkeiten bei der jeweiligen Aktivität benötigt werden.

Eine weitere wichtige Aufgabe der Erzieher/innen ist es, die Motivation der Kinder an der jeweiligen Aktivität zu erhalten. Dazu zeigen sie Interesse, ermutigen oder deuten an, was noch alles gemacht werden könnte und dass dies den Kindern bestimmt Spaß machen würde. Schließlich fördern die Fachkräfte das Generalisieren der jeweiligen Lernerfahrung, indem sie beispielsweise etwas andersartige Materialien holen oder die Kinder einen Gegenstand mit einem anderen Objekt vergleichen lassen. Auf diese Weise kann auch eine gewisse Kontinuität zwischen Lernerfahrungen erreicht werden.

Kinder sollten freimütig alles sagen dürfen, was ihnen im Umgang mit Objekten einfällt – sie sollen also keinesfalls den Eindruck haben, dass von den Fachkräften nur die „richtige" Antwort akzeptiert wird. Die Erzieher/innen respektieren die Irrtümer der Kinder, da sie wissen, dass Fehler notwendige Begleiterscheinungen des konstruktiven Prozesses sind und auch an ihnen gelernt wird. Kamii und DeVries (1991) schreiben: „Kleinkinder sind spontane Forscher, die unersättlich neugierig und stolz auf ihre Leistungen sind. Wenn wir sie abholen, wo sie sind, und sie ermutigen, auf ihre Weise zu denken und Dinge auf ihre Art miteinander in Beziehung zu setzen, anstatt ihnen die ‚richtigen' Antworten abzuverlangen, werden sie Wissen auf eine solche Weise konstruieren, die zur Weiterentwicklung führt, solange eine Entwicklung noch biologisch möglich ist" (S. 21).

Erneut wird deutlich, wie wichtig ein genaues Beobachten der Kinder ist. Forman und Kuschner (1990) schreiben, dass Erzieher/innen „kontinuierlich all die Faktoren überwachen sollten, die die Beschäftigung eines Kindes mit einer bestimmten Lernerfahrung beeinflussen. Dazu gehören die Wissensbasis, der Grad an Motivation, der Denkprozess und die Handlungsfähigkeit des Kindes" (S. 168). Auch ist zu beachten, dass sich das Kind Wissen in verschiedenen Bereichen aneignet, also physikalische, logisch-arithmetische und soziokulturelle Kenntnisse sowie Wissen über sich selbst (Selbsterfahrung, Selbstbild).

Das Gedächtnis fördern

Wie bereits erwähnt, zeigte die Hirnforschung, dass im Kindergartenalter nur ansatzweise auf das Gedächtnis zurückgegriffen werden kann. Erzieher/innen können aber einiges dazu beitragen, dass Informationen besser behalten werden, indem z.B.

- mehrfach über dasselbe Thema gesprochen wird,
- ähnliche Phänomene untersucht werden (Ähnliches kann leichter in die vorhandenen Gedächtnisinhalte integriert werden),
- Aktivitäten persönlich relevant bzw. emotional bedeutsam sind,
- ein Lebens- bzw. Alltagsbezug gegeben ist,
- Informationen neuartig, ungewöhnlich und besonders interessant wirken.

Auch können Erzieher/innen viele Aktivitäten anbieten, die mit einer Gedächtnisleistung verbunden sind:

- Die Kinder können etwas auswendig lernen – z.B. Lieder, Gedichte, Reime, Regeln, Wörter einer Fremdsprache, Redewendungen usw.
- Bei Fortsetzungsgeschichten muss das jeweilige Kind wiederholen, was die anderen vor ihm gesagt haben.

- Bei Lückengeschichten erzählt die Erzieherin eine den Kindern bekannte Geschichte und lässt etwas aus – die Kinder ergänzen den Text aus dem Gedächtnis.
- Viel Spaß machen Memorys und KIM-Spiele (z.B. viele Dinge liegen auf dem Tisch, die Kinder schauen weg, die Erzieherin nimmt ein Teil weg – welches?).
- Nach Exkursionen beschreiben oder malen Kinder etwas aus dem Gedächtnis. Oder sie malen Bilder aus einem vor einiger Zeit angeschauten Bilderbuch nach – anschließend wird überprüft, was wirklich auf dem Bild war.
- Kinder berichten, wie etwas geschmeckt, gerochen, sich angefühlt hat (zugleich Sinnesschulung und Sprachförderung).
- Die Kinder spielen auf einem Musikinstrument eine Melodie nach.
- Bei der Bewegungserziehung, beim Tanzen und ähnlichen Aktivitäten prägen sich die Kinder längere motorische Sequenzen ein.

Das Lernen fällt während der ersten sechs Lebensjahre leicht; es erfolgt ohne bewusste Anstrengung nahezu „automatisch". Maßnahmen zur Gedächtnisschulung sind somit im Kindergarten fehl am Platz.

Zählen und Rechnen

Kinder wachsen in einer Umwelt auf, in der sie immer wieder mathematische Erfahrungen machen – beim Abzählen und Sortieren, beim Vergleich von Formen und Mengen, beim Teilen und Zusammenfügen, beim Aufreihen von Perlen nach einem bestimmten Muster usw. Katz und Chard (1989) verdeutlichen dies am Beispiel von Konstruktionsspielen: „Mathematische und wissenschaftliche Konzepte spielen auch beim Konstruieren eine Rolle. Beispielsweise erfahren Kinder die Reihenfolge, in der Dinge getan werden müssen, die für das Trocknen von Farbe benötigte Zeit und die Vergleiche, die bei der Auswahl des besten Materials oder der Form für zusätzliche Teile gemacht werden. Sie erfahren die Spannung von Schnüren, die Dicke und Steifheit von Karton, die mosaikartigen Eigenschaften verschiedener Formen. Die Variablen von Form, Größe, Fläche, Maßstab, Oberfläche, Struktur und Farbe sind alle für den Prozess des Konstruierens relevant. Die Fertigkeiten des Zählens, Schätzens und Messens werden mit zunehmender Genauigkeit genutzt und werden den Kindern während des Prozess des Konstruierens wichtiger, wenn sie älter werden" (S. 71).

Auch das Spielen mit Bauklötzen vermittelt viele mathematische Erkenntnisse. Die einzelnen Teile haben ein verschiedenes Gewicht und sind von unterschiedlicher Länge und Breite; jedes Teil ist mehrfach vorhanden. So erkennen die Kinder Zusammenhänge wie: „Diese beiden Bauklötze sind genauso lang wie das hier!" oder „Wenn ich zwei Würfel nebeneinander lege, bekomme ich einen Quader". Zugleich stellen sie fest, dass sich mit verschiedenen Bauklötzen unterschiedlich hoch bauen lässt, dass man mit ihnen verschiedene Muster legen kann und dass einige davon symmetrisch sind.

Dies sind zunächst intuitive Erkenntnisse, die nicht verbalisiert werden können. Erzieher/innen sollten solche Erfahrungen aufgreifen und gezielt erweitern. Das heißt, sie müssen relevante Situationen erkennen (z.B. wenn Kinder sagen „Er hat mehr als ich!" oder „Das Teil passt hier nicht rein!") und diese ausweiten (z.B. „Wie viele hat er denn? Und du?" oder „Weshalb passt das Teil da nicht rein? Welche Form brauchen wir?").

So werden zunächst intuitive Erfahrungen der Kinder aufgegriffen und um mathematische Konzepte erweitert (z.B. Zahlen, Bezeichnungen für Formen bzw. Größen) – die Beobachtungen und Erkenntnisse der Kinder werden sozusagen „mathematisiert".

Besonders sinnvoll ist, wenn es dabei zu Verknüpfungen unterschiedlicher Begriffe kommt (z.B. von Zahlen und geometrischen Konzepten: „Wie viel Seiten hat denn dieses rechteckige Teil?", oder von Maßeinheiten und erlebten Entfernungen: „Wie groß ist wohl unser Gruppenraum? Wollen wir ihn einmal ausmessen?", oder von Zahlen und naturwissenschaftlichen Erfahrungen: „Wie schnell wächst wohl diese Pflanze? Wollen wir einmal pro Woche die Länge messen?").

Wichtig ist, dass Kinder im Kindergarten mathematische Erfahrungen in den folgenden fünf Bereichen machen, wobei die drei ersten von besonderer Bedeutung sind:

1. Zahlen und Zählen: Beispielsweise kann morgens gemeinsam die Zahl der anwesenden Kinder ermittelt werden. Die Erzieherin zählt beim Tischdecken die Zahl der Teller (Modelllernen) und motiviert die Kinder zu ähnlichen Aktivitäten. Sie legt eine Anzahl kleiner Objekte auf den Tisch, lässt die Kinder sie einige Sekunden lang anschauen, deckt sie dann zu und fragt „Wie viele Dinge liegen unter dem Tuch?" Bei Spaziergängen halten die Kinder Ausschau nach Zahlen (Hausnummern, auf Autokennzeichen usw.). Die Erzieherin stellt bei geeigneten Gelegenheiten „Wie viele?"-Fragen (z.B. „Wie viele sind noch übrig?").

2. Geometrie: Die Fachkraft macht immer wieder die Kinder auf verschiedene Formen in ihrem Umfeld aufmerksam und benennt sie („Dreieck", „Viereck", „Rolle", „Quader"). Sie motiviert Kinder, mit verschiedenen Formen zu spielen, sie miteinander zu vergleichen, sie zu malen usw. Die Kinder stellen Modelle von ihnen bekannten Objekten mit Hilfe von Papiermaché, Bauklötzchen usw. her. Beim Falten eines Blatts Papier entstehen verschiedene geometrische Formen.

3. Messen: Die Erzieherin macht Vergleiche auf der Grundlage von Größe, Länge, Gewicht usw. („Das fühlt sich schwerer an als...", „Michael ist größer als Maria"). Sie motiviert zum Messen und führt verschiedene Maßzahlen ein (Meter, Kilogramm, Liter, Stunden...). Die Kinder werden gefragt, ob der Inhalt eines Gefäßes wohl in ein anders geformtes Gefäß passen wird, und damit auch zum Experimentieren motiviert.

4. Algebra: Die Kinder werden z.B. angehalten, Muster von Farben und Formen in ihrer Umgebung zu entdecken. Bestimmte Muster werden hergestellt (z.B. Aufreihen von Perlen in einer vorgegebenen Farbfolge). Die Kinder bilden taktile oder akustische Reihen.

5. Datenanalyse: Insbesondere bei naturwissenschaftlichen Projekten werden oft (Beobachtungs-) Daten gesammelt, die

ausgewertet werden müssen. Die Ergebnisse können hier auch tabellarisch oder grafisch dargestellt werden. Blätter, Steine, Schneckenhäuser usw. werden einmal nach Größe, einmal nach Farbe, einmal nach Form sortiert.

Die hier genannten Beispiele beziehen sich zumeist auf Aktivitäten, die den Kindergartenalltag prägen. Sie treten sozusagen „natürlich" auf; ihre Häufigkeit kann aber vergrößert und die in ihnen liegenden Bildungschancen können besser genutzt werden. Daneben können gelegentlich besondere Projekte durchgeführt werden. Diese sollten möglichst mit den Kindern gemeinsam entwickelt werden; es kann aber auch auf bekannte Projekte wie „Zahlenland" (Friedrich/de Galgóczy/Schindelhauer 2011) und „Mathe-Kings" (Hoenisch/Niggemeyer 2019) zurückgegriffen werden.

Naturwissenschaftliche Bildung

Kleinkinder sind in hohem Maße an physikalischen, chemischen und biologischen Vorgängen interessiert. Schon als Babys untersuchen sie die Eigenschaften der für sie erreichbaren Objekte, wobei sie z.B. die Schwerkraft entdecken. Später erkunden sie aktiv und selbsttätig ihre Umgebung – seien es Gegenstände, Pflanzen, Tiere oder chemische Prozesse, wie sie beispielsweise beim Kochen und Backen zu beobachten sind. Das Erforschen der Umwelt geschieht weitgehend im Spiel, und so kann man mit Ross (2000) sagen: „Kinder sind Wissenschaftler beim Spielen" (S. 6).

Sobald Kinder sprechen können, versuchen sie, ihre Neugier auch im Gespräch mit Erwachsenen oder anderen (älteren) Kindern zu befriedigen. Wenn man sie lässt, stellen sie eine Frage nach der anderen. In der Interaktion mit anderen Personen, durch Beobachten, Experimentieren usw. gelingt es ihnen, sich bis zur Einschulung umfassende naturwissenschaftliche Kenntnisse anzueignen.

Laut den Bildungsplänen der Bundesländer sollen Kindergärten auch naturwissenschaftliche Bildung leisten. Erzieher/innen sollen entsprechende Fragen der Kinder aufgreifen und kindgerechte Antworten geben, zu weitergehenden Fragestellungen hinführen, Gelegenheiten zum Beobachten und Experimentieren schaffen, Forschergeist und Neugier fördern. Die naturwissenschaftliche Bildung soll altersgemäß erfolgen, also weitgehend auf spielerische Weise. Ferner sollten Kleinkindern große Freiräume zum selbst gesteuerten Lernen und zum selbständigen Forschen gewährt werden.

Naturwissenschaftliche Bildung kann im Kindergarten auf ganz unterschiedliche Weise erfolgen. In den nächsten Abschnitten sollen drei „Bildungswege" vorgestellt werden: Naturerfahrung, Experiment und Projekt.

Kinder die Natur entdecken lassen

Kleinkinder leben in einer Umgebung voller physikalischer, chemischer und biologischer Phänomene. Häufig reicht es schon, ihre Aufmerksamkeit auf diese Objekte und Prozesse zu lenken und sie zu deren Beobachtung zu motivieren. Da Kleinkinder noch einen Großteil ihres Wissens über ihre Sinne erwerben, wird in diesem Kontext oft von Sinnesschulung gesprochen – der Kindergarten soll auch eine „Schule des Sehens" sein.

So sollte eine Erzieherin zunächst erfassen, welchem physikalischen, chemischen oder biologischen Phänomen gerade das besondere Interesse eines Kindes (oder mehrerer Kinder) gilt. Wichtig ist, dass dem Kind genügend Zeit gegeben wird, sich mit diesem Phänomen zu befassen, dass also mögliche Störungen von ihm ferngehalten werden. Ferner muss es die Möglichkeit haben, mit der Erzieherin bzw. mit anderen Kindern über seine Beobachtungen zu sprechen, Hypothesen zu äußern, Zusammenhänge zu vermuten und nach Erklärungen zu suchen. Die Erzieherin kann das Kind motivieren, weitere Sinne zur Erforschung des Gegenstandes bzw. Prozesses einzusetzen. Auch kann sie es auf bisher übersehene Aspekte aufmerksam machen. Durch offene Fragen kann sie sein Interesse verstärken oder auf ähnliche Phänomene lenken, sodass es zum Vergleichen, Abstrahieren und Generalisieren geführt wird. Außerdem kann die Erzieherin seine Umgebung durch Objekte oder Materialien anreichern, die eine weiterführende Beschäftigung mit dem jeweiligen

Phänomen ermöglichen. Schließlich kann sie seine Fragen beantworten, ihm also Informationen auf verbalem Weg geben.

Ein Beispiel: Viele Kenntnisse über biologische Phänomene können sich Kinder z.b. im Außengelände eines Kindergartens aneignen. Besteht dieses aber nur aus einer Rasenfläche mit Spielgeräten, einem Sandkasten, einigen Schatten spendenden Bäumen und einer Hecke, sind jedoch die Erfahrungsmöglichkeiten der Kinder stark begrenzt. Eine ganz andere Situation ist gegeben, wenn verschiedene Obstbäume und Beerensträucher gepflanzt werden, die Hecke durch Spalierobst ersetzt wird, Gemüse-, Kräuter- und Blumenbeete angelegt werden und vielleicht noch ein Biotop wie eine Trockenmauer oder ein flacher Teich geschaffen wird. Dann können Kinder biologische Prozesse wie das Keimen von Samen, das Wachsen, das Blühen und Reifen beobachten. Sie können sich als Gärtner betätigen und dabei feststellen, was Pflanzen zum Gedeihen benötigen. Ferner werden sie viele Insekten, Vögel und Kleintiere wie Mäuse in „ihrem" Garten sehen und erkennen, wie sich diese entwickeln (z.B. von dem Ei über Raupe und Puppe zum Schmetterling), welche Rolle sie für Pflanzen spielen (z.B. Befruchten von Blüten), auf welche Weise sie von den Pflanzen und Bäumen abhängig sind (Nahrung) oder wie sie voneinander leben (Insekten als „Vogelfutter"). Auch wird den Kindern die Bedeutung des Wetters bewusst (z.B. welken manche Pflanzen bei zu viel Sonne, reifen die Tomaten bei zu viel Regen nicht), nehmen sie die jahreszeitlichen Veränderungen viel deutlicher wahr, werden religiöse Feiern wie das Erntedankfest wieder persönlich relevant.

Naturbeobachtungen sind natürlich auch in der Umgebung des Kindergartens möglich. Vielerorts gibt es in nächster Nähe Wälder oder landwirtschaftlich genutzte Flächen, die immer wieder – zu unterschiedlichen Jahreszeiten – erkundet werden können. Bei den Exkursionen können die Kindern auch bestimmte Beobachtungsaufträge erhalten: „Heute wollen wir Pilze suchen!" oder „Wie viel verschiedene Insekten werden wir wohl sehen?". In Städten können zumindest Parks aufgesucht oder Gärten auf umliegenden Grundstücken betrachtet werden. Auf dem Wochenmarkt lernen Kinder unterschiedliche Obst- und Gemüsesorten kennen und können z.B. verschiedene Äpfel für ein „Testessen" im Kindergarten kaufen (Prüfen von Aussehen, Größe, Gewicht, Saftigkeit, Konsistenz des Fruchtfleisches, Geruch, Geschmack usw. – auch eine Form der Sinnenschulung!). Im Botanischen Garten sehen Kinder exotische Pflanzen und erkennen deren andersartigen Lebensbedingungen (z.b. im Tropen- oder Kakteenhaus). Oft gibt es hier auch Beete mit Nutzpflanzen und Kräutern.

Bei solchen Exkursionen sollten sich Erzieher/innen vom Interesse der Kinder leiten lassen. Entdeckt ein Kind z.b. Ameisen und wollen die Kinder diese nun beobachten, ist das wichtiger als das Erreichen des „eigentlichen" Ziels des Ausflugs. Stellen die Kinder fest, dass das Herbstlaub unterschiedlich gefärbt ist, können Blätter gesammelt und später im Kindergarten nach Färbung, Größe, Blattform usw. geordnet werden. Aber auch Sammlungen mit anderen Naturmaterialien können angelegt werden. Dann müssen die Kinder z.b. wie Botaniker Pflanzenteile pressen und auf Papier kleben oder wie Geologen Steine klassifizieren. Später bietet sich ein Besuch in einem naturkundlichen Museum an...

Naturerkundungen können dadurch ausgeweitet werden, dass Erzieher/innen den Kindern Lupen oder Mikroskope zur Verfügung stellen. Erstere können auch problemlos in das Außengelände des Kindergartens oder bei Ausflügen mitgenommen werden. Durch die Vergrößerung erkennen die Kinder Details an toten oder lebenden Objekten, die sie mit bloßem Auge wahrscheinlich nicht wahrnehmen würden. Sollen mit einer größeren Kindergruppe kleinste Gegenstände angeschaut werden, so können Erzieher/innen viele dieser Dinge auch zwischen die Glasscheiben eines Wechselrähmchens klemmen und dann per Diaprojektor an eine weiße Fläche projizieren.

Im Kindergarten experimentieren

Auf dem vorgenannten „Bildungsweg" können Kinder vor allem biologische Phänomene erkunden. Er herrscht in Kindergärten vor, da Kleinkinder sozusagen „natürlich" mit Pflanzen, Insekten, Tieren usw. in Kontakt kommen. Auf dieselbe Weise können sie sich aber z.B. kein Wissen über Gase, den Zusammenhang zwischen Temperatur und Aggregatzustand (d.h. fest, flüssig, gasförmig), die Schwerkraft oder die Hebelwirkung aneignen. Wenn Erzieher/innen sie mit solchen physikalischen und chemischen Phänomenen konfrontieren wollen, ist dies in der Regel nur durch Experimente möglich. Diese entsprechen dem frühkindlichen Lernen, da sinnliche Erfahrungen wie Sehen, Riechen, Hören, Berühren und Schmecken im Vordergrund stehen. Außerdem werden kognitive, soziale und sprachliche Kompetenzen gefördert.

Experimente setzen oft eine bestimmte Ausstattung voraus: So werden z.B. verschieden große Gläser und Röhrchen, Pipetten, Pinzetten, Werkzeug, Stethoskop, Waage, Thermometer, (Stopp-) Uhr, Lineal, Zentimetermaß, Luftpumpe, Ventilator, Kompass, Magnete, Pendel, Prismen und Chemikalien benötigt. Bei der Vorbereitung ist zu beachten, dass Beobachtung und Selbsttätigkeit der Kinder im Vordergrund stehen sollten – es darf nicht um reine Wissensvermittlung im Sinne des Schulunterrichts gehen. Das Experimentieren sollte für die Kleinkinder so interessant und faszinierend sein, dass sie sich trotz ihres großen Bewegungsdrangs und der noch gering ausgeprägten Konzentrationsfähigkeit längere Zeit mit dem jeweiligen Phänomen befassen und darüber engagiert diskutieren.

Inzwischen gibt es viele Bücher mit Experimenten für Kleinkinder, auf die Erzieher/innen zurückgreifen können. Dabei werden weder teure Experimentierkästen noch schwer erhältliche Chemikalien benötigt. Vieles lässt sich z.B. an Lebensmitteln oder an in jedem Familienhaushalt vorhandenen Materialien zeigen, wodurch auch ein Alltagsbezug gegeben ist und ein Wiederholen des Experiments mit den Eltern ermöglicht wird.

Wichtig ist, dass die Experimente so einfach sind, dass sie auch von den Kindern selbst erfolgreich – und selbstverständlich ohne gesundheitliche Risiken – durchgeführt werden können. Die zu beobachtenden Phänomene sollten so eindeutig sein, dass sie von Kleinkindern leicht beschrieben und erklärt werden können. Sinnvoll ist ein systematischer Aufbau der Experimente, da auf diese Weise bereits erworbenes Wissen aufgefrischt und gefestigt wird. Ferner wird auf diese Weise verdeutlicht, dass dieselben Naturgesetzlichkeiten für ganz unterschiedliche Phänomene gelten.

Allerdings lassen sich Experimente zumeist nur in Kleingruppen von ca. sechs bis zehn (älteren) Kindern durchführen. Auch ist die Vorbereitung relativ zeitaufwendig, da viele der erforderlichen Materialien erst besorgt werden müssen. Zumeist führt die Erzieherin das Experiment vor und lässt es dann nach Möglichkeit von jedem Kind wiederholen. Die (übrigen) Kinder beobachten und diskutieren das jeweilige Phänomen. Sprung (1996) verweist darauf, wie wichtig es ist, die Beobachtungen auch zu dokumentieren – z.B. durch Grafiken, Tonbandaufnahmen, Bilder und Fotos oder indem sie der Erzieherin diktiert werden: „Das Protokollieren von Daten ist ein essentieller Teil des wissenschaftlichen Experimentierens" (S. 31).

Zum Experimentieren gehört auch, dass Kinder das „Innenleben" von Geräten erkunden können – selbst wenn diese dabei zerstört werden. Eltern – oder z.b. Werkstoffhöfe – können alte oder kaputte Geräte wie (mechanische) Uhren, Mixer, Kaffeemaschinen, Computer, Radios usw. zur Verfügung stellen, die dann im Kindergarten auseinander genommen werden. Auf diese Weise gewinnen die Kinder einen Einblick in das Funktionieren der Geräte, eignen sich neue Begriffe an (z.B. Transistor, Festplatte, Chip) und erlernen den Umgang mit Werkzeug. Bei komplizierten Geräten findet sich oft unter den Eltern ein Fachmann oder eine Fachfrau, der bzw. die den Kindern das „Innenleben" erklären kann...

Projektarbeit

Bei Experimenten, die von den Erzieher/innen vorbereitet und an bestimmten Tagen präsentiert werden, besteht die Gefahr, dass sie nicht immer auf das Interesse der Kinder stoßen und dass durch sie eher isolierte Kenntnisse vermittelt werden. Auch sind sie nicht in die anderen Aktivitäten des jeweiligen Tages eingebettet. Sie ähneln damit Schulstunden, die ebenfalls ohne Zusammenhang aufeinander folgen. Werden sie nur mit einigen wenigen (älteren) Kindern durchgeführt, werden zudem die übrigen Kinder benachteiligt.

Eine andere Situation ist gegeben, wenn Experimente Bestandteile eines Projekts sind, z.B. zu Themen wie „Wasser" oder „Wetter". Die Idee zu einem Projekt kann von einem Kind, einer Kleingruppe, der Erzieherin oder von außen kommen. Manchmal wird die Projekt-initiative ungeplant weiterverfolgt. In anderen Fällen wird mit den Kindern gemeinsam entschieden, ob das Projektthema in den nächsten Tagen bzw. Wochen behandelt werden soll – und wie dies geschehen soll. Häufig diskutieren die Erzieher/innen aber auch die Projektidee zunächst im Team, nachdem sie sich vom Interesse einer Mehrheit der Kinder überzeugt haben, und machen eventuell sogar einen Projektplan (Textor 2020a).

Ein Beispiel: Katz und Chard (1989) berichten, dass bei einem Projekt zum Thema „Wetter" zunächst im Stuhlkreis über die Erfahrungen der Kinder diskutiert wurde: So wurde besprochen, wie sich Sonnenschein, Regen, Schnee und Wind auf der Haut anfühlen und welche Geräusche ein Sturm oder ein starker Regenschauer machen. Die Kinder beschrieben ihre Gefühle beim ersten Schnee in einem Jahr oder als sie einen Regenbogen sahen. In den folgenden Tagen wurden Bilder über Wetterphänomene gemalt, relevante Geschichten vorgelesen und entsprechende Lieder, Reime und Bauernregeln gelernt. Dann wurden Aktivitäten wie die Folgenden durchgeführt:

- Neben große Außen- und Innenthermometer wurden verschiedenfarbige Papierstreifen geklebt, wobei jeweils ein Streifen fünf Grad entsprach. Morgens, mittags und abends dokumentierten die Kinder anhand der Streifen die Temperatur im Außengeländе und in verschiedenen Räumen des Kindergartens. So lernten sie nicht nur das Thermometer kennen, sondern gewannen auch eine Vorstellung von „Temperatur" und von „Grad" als der hier verwendeten Maßeinheit. Ferner wurde darüber diskutiert, was die Temperaturschwankungen im Verlauf eines Tages bzw. mehrerer Tage bedingt.
- Analog dazu wurde der Wind mit einem Windrad (Geschwindigkeit) und einer Wetterfahne (Richtung) gemessen.
- Der Niederschlag wurde in einem Messbecher aufgefangen, sodass die Wassermenge nach jedem Regen erfasst werden konnte. Die Umrisse von Regenpfützen wurden mit Kreide nachgezogen. Dann wurde regelmäßig nachgeschaut, um wie viel kleiner sie geworden sind. So wurde die Verdunstung des Wassers verdeutlicht.

- Ganz unterschiedliche Materialien wurden auf Wasserdurchlässigkeit geprüft.
- Es wurde getestet, wie schnell Eiswürfel schmelzen, wenn sie aus verschiedenen bzw. gefärbten Flüssigkeiten bestehen oder wenn sie in Papier, Stoff, Folie usw. eingewickelt werden.

Ferner wurde mit den Kindern darüber gesprochen, wie sich Tiere an die verschiedenen Witterungsverhältnisse anpassen (z.b. Winterschlaf, Geburt der Jungen im Frühjahr), dass es auf der Erde unterschiedliche Klimazonen gibt (von der Polarregion bis zu den Tropen), welche Tiere und Pflanzen in der jeweiligen Region vorherrschen und wie die Menschen dort leben. Es wurden Drachen und Papierflieger gebastelt und bei verschieden starkem Wind ausprobiert. Geschichten über (Wirbel-) Stürme und die von ihnen verursachten Schäden wurden erzählt und diskutiert.

Dieses Beispiel verdeutlicht, dass bei einem Projekt ganz unterschiedliche Aktivitäten in einem thematischen Zusammenhang stehen und ein harmonisches Ganzes bilden. Die Kinder werden allseitig gefördert und sind hoch motiviert, weil sie viel Abwechslung erleben und den Verlauf eines Projekts mitbestimmen können. Oft befassen sie sich auch in der Freispielzeit mit dem Projektthema, insbesondere wenn die Erzieher/innen entsprechende Materialien zur Verfügung stellen – z.B. wenn bei einem Projekt „Tiere" sich in der Rollenspielecke Tierkostüme befinden, in der Bauecke Tierfiguren vorhanden sind und in der Bilderbuchecke Fotobände und reich bebilderte Tierlexika ausliegen. Häufig ergeben sich dann aus dem Spiel der Kinder neue Ideen für den weiteren Verlauf des Projekts.

Somit ist Projektarbeit zu empfehlen, wenn naturwissenschaftliche Themen nicht isoliert wie in den entsprechenden Schulfächern, sondern eingebettet in ganz unterschiedliche, aber relevante Aktivitäten behandelt werden sollen. Letzteres entspricht mehr dem frühkindlichen Lernen, da sich das Kleinkind als „ganzes" Individuum angesprochen fühlt, alle seine Sinne einsetzen kann, vieles auf spielerische Weise lernt und intensiv mit anderen Kindern kommuniziert. Anders als bei vorgegebenen Experimenten werden keine künstlichen Situationen geschaffen. Vielmehr wird der Input der Kinder, werden ihre Interessen, Ideen, Vorstellungen usw. in hohem Maße berücksichtigt. Das selbsttätige Generieren von Fragestellungen, das eigenständige Bilden von Hypothesen, das Beobachten, Interpretieren und Analysieren, das Sammeln von Informationen und die Präsentation der Erkenntnisse stehen im Vordergrund – also wissenschaftliche Aktivitäten...

Projekte entsprechen (früh-) pädagogischen Prinzipien und Zielen wie Handlungsorientierung, Erfahrungslernen, Selbsttätigkeit, Lebensnähe, Mitbestimmung/Partizipation, ganzheitliche Kompetenzförderung, Methodenvielfalt und „spiralförmiges Lernen" (Textor 2020a) – wobei mit spiralförmigem Lernen der fortwährende Wechsel von Gruppendiskussionen, Besichtigungen, Experimenten, Rollenspielen, Mal- und Bastelaktivitäten gemeint ist, was zu einem immer tiefer gehenden Eindringen in die jeweilige Thematik führt. Auch ermöglichen Projekte die Öffnung des Kindergartens zu seinem natürlichen, sozialen, wirtschaftlichen und kulturellen Umfeld hin, sodass Kinder Erlebnis- und Lernfelder am Wohnort zurückgewinnen: Sie entdecken ihre Umgebung – Wald und Flur, Ortsteil, Gärten und Parks, Geschäfte, Betriebe, kulturelle Einrichtungen etc. – und lernen viele andere Menschen kennen.

Bei Projekten bauen Beobachtung, Erforschen, Erfahrung, Reflexion, Gesprächsaustausch, Handeln, Bewegung, Gesang und kreativer bzw. künstlerischer Ausdruck aufeinander auf, stimulieren einander und stehen in Zusammenhang mit dem Projektthema – während in „verschulten" Kindergärten die Beschäftigungen und Aktivitäten wenig Bezug zueinander haben. So können im Rahmen eines Projekts alle Bildungsbereiche berücksichtigt und miteinander verknüpft bzw. integriert werden. Zugleich erfolgt eine ganzheitliche Förderung der Kinder, da in einem Projekt alle (Basis-) Kompetenzen berücksichtigt werden. Die Abwechslung und Vielfältigkeit der Aktivitäten, insbesondere aber die vielen Mitbestimmungsmöglichkeiten, tragen zur Zufriedenheit und zum Wohlbefinden der Kinder bei. Diese konsumieren kein vorgegebenes oder gar „vorprogrammiertes" Angebot an Beschäftigungen, sondern prägen den Projektablauf durch ihre Ideen und Vorschläge mit.

Informationstechnische Grundbildung

Im Gegensatz zu Erzieher/innen und anderen Erwachsenen, die in einer analogen Welt aufwuchsen, sind Kleinkinder in eine digitale hineingeboren worden. Deshalb haben viele der für Kindertagesbetreuung zuständigen Länderministerien die Informations- und Kommunikationstechnik als Teil des Bildungsbereichs „Medienerziehung" in ihre Bildungspläne aufgenommen. Sie fordern, dass in Kitas vor allem der kreative Umgang mit digitalen Medien gefördert werden soll. So sollen diese keinesfalls zur reinen Beschäftigung der Kinder eingesetzt werden, sondern für künstlerische Aktivitäten, bei der Erforschung der (Lebens-) Welt, bei der Informationssuche bzw. beim Lernen, zur Förderung der Vorstellungskraft, zwecks Kommunikation mit anderen usw. Dies bedeutet: „Medien und Technik müssen in den Alltag sinnvoll integriert werden. Dabei geht es gar nicht darum, einfach Tablets und Smartboards für die Gruppe anzuschaffen. Es geht vielmehr darum herauszufinden, welche Fragen die Kinder beschäftigen und wie diese am besten von den Kindern selbst beantwortet werden können. Der Erwachsene gestaltet dazu die Lernumgebung der Kindergartenkinder..." (Bostelmann/Fink 2014, S. 7).

Zur Nutzung von Digitalkameras

Beispielsweise können folgende Aktivitäten mit Digitalkameras – egal, ob als eigenes Gerät oder als Teil eines Smartphones bzw. Tablets – in Kitas ausprobiert werden (siehe z.B. Bostelmann/Fink 2014; Donohue 2015; Roboom/Eder 2015):

- Im Verlauf eines Jahres werden immer wieder dieselben Pflanzen, Büsche und Bäume fotografiert. Dann werden die Fotos nebeneinander gelegt. So können Kinder verschiedene Phasen des Pflanzenwachstums und jahreszeitlich bedingte Veränderungen leichter erkennen und Vergleiche ziehen.
- Nachdem in der Kindergruppe über geometrische Formen gesprochen worden ist, laufen die Kinder mit der Kamera

durch die Kita und fotografieren Kreise, Rechtecke, Kugeln, Quader...

- Die Gruppe spielt „Ich sehe was, was du nicht siehst" anhand von Fotos, die Kinder aus möglichst verfremdenden Perspektiven oder nur von einem Teil des jeweiligen Gegenstands gemacht haben.

- Insekten wie z.b. Fliegen, Schmetterlinge, Käfer oder Ameisen, die sich einer genauen Beobachtung seitens mehrerer Kinder durch Wegfliegen oder rasche Bewegungen entziehen, werden fotografiert. Auf einem Bildschirm erscheinen sie größer bzw. können so vergrößert werden, dass alle Details genau betrachtet werden können. Natürlich können auch andere kleine Objekte auf dieselbe Weise angeschaut werden.

- Eine Fachkraft hält den Ablauf eines Experiments mit der Kamera fest. Anhand des Films kann dann darüber diskutiert werden, was genau geschehen ist. Viele Prozesse können leichter erkannt werden, wenn der Film mit dem Beamer auf eine weiße (Lein-) Wand projiziert oder in Zeitlupe abgespielt wird.

- Zu einem Projektthema wie z.b. „Emotionen" machen Kinder Fotos – in diesem Fall also, wie sich Gefühle im Gesichtsausdruck widerspiegeln. Sie vergleichen ihre Fotos und lernen, eigene Emotionen besser zu zeigen und die Gefühle anderer aus deren Mimik zu erschließen (Entwicklung von Empathie).

- Mit dem Beamer oder der Dokumentenlampe an die Wand projizierte Fotos werden als Hintergrund für Rollenspiele genutzt.

- Kinder machen zu Hause Fotos zu vorgegebenen Themen (z.B. „Mittagessen", „Familienausflug", „Besuch bei den Großeltern") und bringen diese zum Morgenkreis mit. Dann kann z.B. über Speisen gesprochen werden, die für die in der Kita-Gruppe vertretenen Familien (mit und ohne Migrationshintergrund) typisch sind.

Besonders anspruchsvoll ist das Drehen eines längeren Films – beispielsweise über einen Tag in der Kita, nach einem Märchen oder nach einer Bilderbuchgeschichte. Hier ist schon der Planungsprozess pädagogisch anspruchsvoll: Was ist für einen Kindergartentag typisch? Wie können die Märchenfiguren (z.b. Tiere) dargestellt werden? Haben wir die benötigten Kleidungsstücke und Utensilien oder müssen sie erst hergestellt, ausgeliehen bzw. gekauft werden? Was für Kulissen müssen gebastelt und bemalt werden? Wo soll die Kamera stehen (möglichst ein Stativ verwenden!), welcher Blickwinkel ist der beste? Je länger der Film sein soll, umso wichtiger werden Proben, müssen die Aufnahmen an mehreren Tagen gemacht werden. Oft sind Filmsequenzen noch mit Kommentaren der Kinder zu vertonen. Dann muss der Film geschnitten werden. Wenn er den Kindern gefällt, kann er den Eltern an einem Nachmittag oder Abend vorgeführt werden.

Die Beispiele in diesem Kapitel verdeutlichen, dass die kommunikations- und informationstechnische Grundbildung nicht isoliert vermittelt wird, sondern in Zusammenhang mit vielen anderen Bildungsbereichen (wie z.b. der naturwissenschaftlichen, mathematischen, emotionalen, interkulturellen und sprachlichen Bildung). Außerdem verlangt der Umgang mit einer Digitalkamera motorische Fertigkeiten, fördert die Wahrnehmung und schult die Auge-Hand-Koordination. Deshalb sollten in der Regel die Kinder selbst die vorhandenen Kameras nutzen – so bleibt den Fachkräften Zeit für erzieherische und bildende Aktivitäten...

Digitale Mikroskope

Kabellose, mit Batterie oder Akku betriebene Mikroskope können von den Kindern in der Kita, im Außengelände oder auf Ausflügen eingesetzt werden. Kleine Objekte, Oberflächen, Stoffstrukturen, Gartenerde, Insekten, Pflanzenteile, Flechten, Spinnennetze usw. können in Vergrößerung angeschaut und die Bilder gespeichert werden. Die Fotos können dann im Gruppenraum auf einem Bildschirm betrachtet, weiter vergrößert, analysiert und verglichen werden.

Tablet, Laptop und PC

Für Computer gibt es heute eine Unmenge an Programmen (Apps), die für Kleinkinder geeignet sind. Manche sind kostenfrei (aber enthalten Werbung!), andere sind für wenig Geld zu erwerben. Bei Teamsitzungen können pädagogisch wertvolle Apps gemeinsam ausgesucht und erst einmal ausprobiert werden, sodass die Erzieher/innen wissen, was für Aktivitäten mit dem jeweiligen Programm möglich sind.

Aber auch ältere Kinder können zusammen mit der Fachkraft nach geeigneten Apps suchen, ähnliche miteinander vergleichen und sich dann für eine entscheiden. Dabei werden gemeinsam erarbeitete Kriterien berücksichtigt – ob das jeweilige Programm z.b. kindgemäß und intuitiv zu bedienen ist, ob es Spielraum für Kreativität lässt oder ob es zum Lösen von Problemen animiert. In diesem Auswahlprozess lernen Kleinkinder, was qualitativ gute und was schlechte Apps sind.

Mit Hilfe entsprechender Programme können Kinder Fotos bearbeiten, Filme schneiden, malen, komponieren, Hörspiele und Trickfilme erstellen u.v.a.m. Es muss an dieser Stelle aber deutlich gesagt werden: Die Verwendung z.B. von einer Mal- oder Musik-App ersetzt keinesfalls das Malen im Kita-Atelier oder das Spielen von Musikinstrumenten – es handelt sich hier um zusätzliche, andersartige Angebote, die „klassische" Aktivitäten in den verschiedenen Bildungsbereichen ergänzen.

Inzwischen gibt es auch viele Bilderbuch-Apps, die eine Bilderbuchbetrachtung ohne Beteiligung der Fachkraft ermöglichen. Da in den Familien überwiegend Spiele-Apps zur Beschäftigung der Kinder genutzt werden, sollten sie in der Kita die Ausnahme bilden. Falls sie zur Anwendung kommen, sollte es sich um pädagogisch wertvolle Spiele handeln, die sich z.B. zur Förderung von Konzentration und Reaktionsgeschwindigkeit oder zum Aufbau von Frustrationstoleranz und Durchhaltevermögen eignen (Akzeptieren von Fehlern und Rückschlägen). Wenn Probleme gelöst werden müssen, werden auch kognitive Fähigkeiten gefördert.

Insbesondere bei intuitiv zu bedienenden Apps entdecken Kinder oft neue Funktionen. Dies können Anlässe für Gespräche mit der

Fachkraft sein, in denen Kinder ihre Denkprozesse, Strategien und Handlungen ausformulieren müssen. So erwerben sie lernmethodische Kompetenzen. Aber auch wenn mehrere Kinder gemeinsam ein Programm ausprobieren, wird viel miteinander kommuniziert. Sie schlagen etwas vor, probieren etwas gemeinsam aus, lösen ein Problem kooperativ.

Viele Apps können auch von behinderten Kindern verwendet werden und ihnen Erfolgserlebnisse vermitteln: „Von speziellem Nutzen kann die Verwendung tastenbedienbarer Spiel- und Lerngeräte für Kinder mit besonderen Bedürfnissen und Behinderungen sein. Es bedarf nur einer einfachen Berührung, um eine Figur in Bewegung zu setzen oder eine Melodie zu spielen. Insbesondere Kinder mit schweren motorischen Störungen oder Lähmungen erleben so, dass sie Einfluss auf ihre Umwelt nehmen können" (Freie und Hansestadt Hamburg. Behörde für Arbeit, Soziales, Familie und Integration 2012, S. 70). Beispielsweise kann ein körperlich behindertes Kind, das nicht in der Bauecke spielen kann, am Computer mit digitalen Formen konstruieren.

Kinder mit fehlenden oder sehr schlechten Deutschkenntnissen können sich am Computer bzw. mit einem Tablet beschäftigen, wenn die anderen Kinder an einem „sprachlastigen" Bildungsangebot teilnehmen. Manche Apps können auch von mehreren Kindern gemeinsam verwendet werden, ohne dass sie sich sprachlich verständigen müssen.

Wenn PCs, Laptops oder Tablets während der Freispielzeit allen Kindern zugänglich sind, müssen gemeinsam Regeln für deren Verwendung aufgestellt werden. Mit einer Neuanschaffung wollen gleich alle Kinder spielen, sodass eine bestimmte Nutzungsdauer festgelegt werden muss (z.B. Wecker stellen). Später ist das Gerät nicht mehr so interessant, sodass sich Kinder auch länger mit ihm beschäftigen können – sofern sie in der jeweiligen Aktivität aufgehen und ganz konzentriert sind. Aber dann gilt es zu verhindern, dass einzelne, z.B. sozial wenig kompetente Kinder immer wieder alleine am Computer sitzen. Ferner sollte festgelegt werden, dass die Kinder nicht alle Apps nutzen dürfen, da dann die Gefahr besteht, dass sie fortwährend zwischen den Programmen wechseln. Hier könnte z.B.

die Regel gelten, dass nur Apps verwendet werden dürfen, deren Icons sich auf dem Touchscreen befinden.

Information und Kommunikation

Mit Hilfe von PCs, Laptops, Tablets und Smartphones können Erzieher/innen und Kinder das Internet als Informationsquelle nutzen. Dies kann zum einen spontan geschehen, wenn z.b. eine Fachkraft eine Frage von Kindern nicht zufriedenstellend beantworten kann. Inzwischen gibt es Apps, die beispielsweise auf Ausflügen beim Identifizieren von Pflanzen, Bäumen und Pilzen helfen: Oft muss nur ein Foto gemacht werden, damit die App den Namen „verrät" und zusätzliche Informationen bereitstellt. Oder wenn bei einer Stadterkundung das Tablet oder Smartphone auf eine Sehenswürdigkeit gerichtet wird, wird dank eines entsprechenden Programms das jeweilige Gebäude bzw. Denkmal beschrieben. Auch mit Hilfe der vielerorts angebrachten QR-Codes können für Kinder interessante Informationen abgerufen werden.

Zum anderen können Erzieher/innen Fotos, Filme und Texte aus dem Internet herunterladen, die sie für die Vorbereitung und Durchführung von Bildungsangeboten benötigen. Ferner ermöglichen es Computer und Beamer, in fremden Städten durch die Straßen zu laufen, ein Museum zu besuchen, einen Flughafen zu erkunden, durch ein Schiff zu spazieren usw. Es gibt Kurzfilme über Dinosaurier, das Leben in der Steinzeit oder im Mittelalter, die Polizei und die Feuerwehr, andere Länder und Kulturen... So können Projekte vorbereitet, Gespräche im Stuhlkreis initiiert, Informationen über die Heimatländer von Kindern mit Migrationshintergrund bzw. von Flüchtlingen vermittelt oder Anregungen für Bilder, Rollenspiele und andere Aktivitäten gegeben werden.

Schließlich kann das Internet zur Kommunikation genutzt werden – z.B. mit einem kranken Kind aus der Gruppe, das längere Zeit zu Hause bleiben muss oder sich in einem Krankenhaus befindet. Ferner können mit Hilfe von Skype oder ähnlichen Programmen Fachleute interviewt werden (z.B. wenn im Rahmen eines Projekts oder bei einer Diskussion Fragen auftreten, die ein längeres Gespräch mit

Expert/innen sinnvoll erscheinen lassen) – aber auch Künstler/innen, Autor/innen von Bilder- bzw. Kinderbüchern, Musiker/innen usw. Manche Kitas sind mit einem Kindergarten (in einem anderen Land) eine Partnerschaft eingegangen und verwenden für die Kommunikation mit den dortigen Fachkräften und Kindern das Internet. Wenn diese eine Sprache sprechen, die nur einige wenige Kinder mit Migrationshintergrund beherrschen, so können Letztere als Dolmetscher/innen eingesetzt werden. Ansonsten können die Kinder einander „sprachfrei" Bilder und Bastelarbeiten zeigen, kurze Rollenspiele vorführen oder Lieder vorsingen. „Ein erstes Interesse an geschriebener Sprache wird ... auch über Korrespondenzen geweckt, die z.B. mit anderen Kindern oder einer 'Patengruppe' geführt werden (sei es über Post, E-Mail oder das Chatten, das an die vertraute Gesprächsform anknüpft)" (Freie Hansestadt Bremen. Die Senatorin für Soziales, Kinder, Jugend und Frauen 2012, S. 21, ohne Hervorhebungen).

Die Einbindung der Eltern

Bildung und Erziehung werden heute als eine „Ko-Konstruktion" von Eltern, Erzieher/innen und dem jeweiligen Kind verstanden – als ein gemeinsames Werk, das auf der Interaktion aller Beteiligten beruht. Deshalb sollten die Erwachsenen im Rahmen einer „Erziehungs- und Bildungspartnerschaft" intensiv zusammenarbeiten. Erzieher/innen und Eltern sollten also auch bei der Bildung von Kindern kooperieren (ausführlich siehe Textor 2020b, 2021).

Wenn Eltern im Kindergarten anwesend sind – z.B. hospitieren, bei pädagogischen Angeboten mithelfen oder im Rahmen von Projekten aktiv werden –, haben Kinder neben den Erzieher/innen andere Erwachsene als Spiel- und Gesprächspartner, als Vorbild und Rollenmodell. Sie erfahren mehr Stimulation, Anleitung und Förderung. Durch die intensivere Interaktion mit Erwachsenen wird ihre sprachliche und kognitive Entwicklung beschleunigt. Ferner erwerben sie soziale Kompetenzen durch den Umgang mit zuvor oft unbekannten Erwachsenen.

Eltern können aber auch – bei entsprechender Information durch den Kindergarten – Bildungsinhalte zu Hause aufgreifen und vertiefen. Beispielsweise können sie zum Monatsthema passende Bilderbücher aus der Stadtbibliothek ausleihen und mit den Kindern anschauen, mit ihnen über neue Begriffe sprechen oder mit ihnen bestimmte Aktivitäten wie ein Experiment, eine Bastelarbeit oder ein Interview durchführen. Die Erzieherin kann auch Materialien wie Bilderbücher, Lernspiele, Anleitungen, Praxisartikel usw. zusammenstellen, die Eltern ausleihen können. So kann sie diese motivieren, zu Hause bildende Aktivitäten mit ihren Kindern durchzuführen. Die Materialien können in Bezug zum Monatsplan oder zum aktuellen Projekt stehen, müssen dies aber nicht.

Erzieher/innen können im Rahmen der Bildungspartnerschaft Eltern beispielsweise motivieren, zu Hause sich ergebende Gelegenheiten für naturwissenschaftliche Beobachtungen zu nutzen: „Einfache, alltägliche Haushaltsaktivitäten sind voll wissenschaftlichen Lernens. Das Waschen fettiger Töpfe wird ein Experiment darüber, wie Öl auf Wasser schwimmt. Das Einräumen von Lebensmitteln und das Einfüllen von Reis oder Bohnen in Vorratsdosen führen zu Erfahrungen des Mengenerhalts. Das Recyceln von Abfall wird zu einem Unterricht sowohl im Sortieren und Kategorisieren als auch im Umweltschutz. Die Verwendung von (ungefährlichen) Haushaltsgeräten, z.B. von einem Staubsauger, ist eine Alltagslektion in Technologie. Das Schieben eines Einkaufswagens über einen abgeflachten Bordstein führt zu der konkreten Lernerfahrung, dass schräge Flächen das Bewegen von Objekten erleichtern" (Sprung 1996, S. 31 f.). Die Eltern können auch auf Bücher hingewiesen werden, in denen zu Hause durchführbare Experimente beschrieben werden.

Ferner können die Fachkräfte Eltern motivieren, ihre Kinder z.B. auf dem Gebiet der Spracherziehung verstärkt zu fördern. So können sie die Eltern anhalten, ihrem Kindern vorzulesen, mit ihm Bilderbücher zu betrachten, ihm (Gute-Nacht-) Geschichten zu erzählen, ihm zuzuhören, wenn es etwas erzählt, und dann das Gespräch auszuweiten etc. Als sehr hilfreich hat sich erwiesen, wenn Eltern in der Tageseinrichtung auch (Bilder-) Bücher ausleihen können, sodass sie sich nicht die oft recht teuren Bücher kaufen müssen bzw. sich den Weg zur Gemeindebücherei ersparen.

Abschließend ist mit Workman und Gage (1997) zu sagen: „Wir glauben, dass die wichtigste und effektivste Form der Mitarbeit, in

der sich Eltern engagieren können, die Beschäftigung mit ihren eigenen Kindern ist, in ihren eigenen Wohnungen ..." (S. 10). Auf diese
Weise werden die Lernerfahrungen des Kindes verstärkt und ausgeweitet, wird die Bildung in der Familie intensiviert.

Zum Schluss: Kinder ganzheitlich fördern[6]

Wie in diesem Buch immer wieder betont wurde, darf im Kindergarten die Förderung der kognitiven Entwicklung nicht für sich alleine stehen: Sie ist einzubetten in die allseitige und ganzheitliche Bildung und Erziehung der Kinder. Es darf also nicht nur um das Denken und die Wissensaneignung gehen, sondern alle Fähigkeiten der Kinder müssen berücksichtigt werden. Für den Erfolg in Beruf, Familie, Gesellschaft usw. sind neben kognitiven Kompetenzen auch motorische, soziale, emotionale und personale notwendig.

So geht z.b. Gardner (2005) davon aus, dass es mindestens sieben ganz verschiedene Arten von Intelligenz gibt, nämlich die verbale, die mathematisch-logische, die räumliche, die körperlich-kinästhetische, die musikalische, die interpersonale und die intrapsychische. Diese sind bei einzelnen Menschen verschieden ausgeprägt (im individuellen „Profil der Intelligenzen") und werden von ihnen auch unterschiedlich genutzt – was u.a. davon abhängt, wie intensiv sie während ihrer Entwicklung ausgebildet wurden.

Laut Gardner werden nur die verbale und die mathematischlogische Intelligenz in der Schule gefördert und bewertet. Die anderen sind aber ebenfalls für den Berufs- und Lebenserfolg wichtig. Viele Karrieren bauen auf diesen „vernachlässigten" Intelligenzen auf, z.B. die von Architekten auf der räumlichen, die von Komponisten, Musikern und Sängern auf der musikalischen, die von Politikern auf der interpersonalen und die von Psychologen auf der intrapsychischen Intelligenz.

Gardners Theorie der multiplen Intelligenzen wurde in der Folge von Pädagog/innen ausgewertet. Sie fordern einerseits eine ganzheitliche Erziehung und Bildung, die alle Intelligenzbereiche einbezieht. Andererseits müssten Kinder, die in einem einzelnen Bereich besonders begabt sind, individuell gefördert werden. Das gelte insbesondere für Formen der Intelligenz, die bisher vom Bildungswesen ver-

---

[6] Die Abschnitte über die Theorien Gardners und Golemans sind leicht bearbeitete Auszüge aus meinem Artikel in Theorie und Praxis der Sozialpädagogik 2005, Heft 4, S. 39-42. Mit Genehmigung der Redaktion.

nachlässigt worden seien. Eine gute Förderung umfasst beispielsweise bei der

- verbalen Intelligenz: sprachbezogene Aktivitäten wie z.b. Erzählen, Lesen und Schreiben.
- mathematisch-logischen Intelligenz: Experimentieren, Nachdenken, Rechnen, das Lösen von Problemen usw.
- räumlichen Intelligenz: Zeichnen, Basteln, Bauen, Designen usw.
- musikalischen Intelligenz: Singen, Musizieren, Komponieren usw.
- körperlich-kinästhetischen Intelligenz: motorische Aktivitäten wie z.b. Sport, Tanzen, Theaterspielen und Handwerken.
- interpersonalen Intelligenz: kooperative Aktivitäten wie Kleingruppen- und Projektarbeit, Organisieren, Leiten, Lösen von Konflikten und Kommunizieren.
- intrapsychischen Intelligenz: selbstbestimmte Aktivitäten, bei denen eigene Interessen, Ziele, Vorstellungen und Fantasien verfolgt werden.

In der Regel lassen sich Aktivitäten jedoch nicht eindeutig einer bestimmten Intelligenz zuordnen – und entscheidend ist sowieso, dass im Kindergarten alle Intelligenzen angesprochen werden und dass jedes Kind auch alle einsetzt, also nicht nur die bei ihm bereits besonders ausgeprägten. So sollte im Verlauf einer Woche immer wieder geprüft werden, ob einerseits beim pädagogischen Angebot alle Intelligenzen berücksichtigt wurden und ob andererseits das einzelne Kind nicht nur die bei ihm vorherrschenden Intelligenzen genutzt hat. Das setzt natürlich eine genaue Beobachtung der Kinder voraus, sodass die Erzieher/innen deren individuelles Profil der Intelligenzen kennen.

Empfehlenswert ist die Einrichtung von verschiedenen Bereichen im Kindergarten – z.B. von einer naturkundlichen, einer Rollenspiel- und einer Konstruktionsecke –, in denen einzelne Intelligenzen oder Kombinationen von zwei oder drei Intelligenzen angesprochen werden. Kinder, die immer nur in einem Bereich zu finden sind, sollten ermutigt werden, auch andere Materialien und Aktivitäten auszuprobieren. Außerdem sollten die Angebote von Museen, Planetarien und anderen kulturellen Einrichtungen genutzt und Personen („Mentoren") in den Kindergarten eingeladen werden, deren (berufliche) Tätigkeit für verschiedene Kombinationen von Intelligenzen charakteristisch ist. Ansonsten gewährleisten sowohl das Befolgen der in den einzelnen Bundesländern entwickelten Bildungspläne als auch die Projektarbeit eine allseitige Intelligenzförderung.

Mitte der 1990er Jahre lenkte Goleman die Aufmerksamkeit auf die „Emotionale Intelligenz", die mindestens genauso wichtig wie akademische Fähigkeiten sei. Er behauptete zu Recht, dass der Schul-, Berufs- und Lebenserfolg auch von Selbstvertrauen, Kommunikationsfähigkeit, Menschenkenntnis, Neugier, Frustrationstoleranz, Kooperationsbereitschaft, Selbstbeherrschung, Sensibilität und anderen „emotionalen" Kompetenzen abhänge. Nur mit Hilfe solcher Kompetenzen könnten positive zwischenmenschliche Beziehungen aufgenommen, Konfliktlösungen ausgehandelt, Gruppen organisiert, Leitungspositionen übernommen und andere Menschen beurteilt, überzeugt und beeinflusst werden.

In unserer Gesellschaft wird emotionale Intelligenz eher bei Mädchen als bei Jungen gefördert. „Eltern sprechen über Emotionen – den Zorn ausgenommen – häufiger mit ihren Töchtern als mit ihren Söhnen. Mädchen erhalten mehr Informationen über Emotionen als Jungen: Wenn Eltern sich für ihre Kinder im Vorschulalter Geschichten ausdenken, verwenden sie gegenüber Töchtern mehr emotionale Wörter als gegenüber Söhnen; wenn Mütter mit ihren kleinen Kindern spielen, zeigen sie Töchtern ein breiteres Spektrum an Emotionen als Söhnen; wenn Mütter mit ihren Töchtern über Gefühle sprechen, gehen sie ausführlicher auf den emotionalen Zustand selbst ein, als sie dies bei Söhnen tun, während sie bei den Söhnen ausführlicher über die Ursachen und Folgen von Emotionen sprechen (vermutlich im Sinne eines warnenden Beispiels)" (Goleman 1996, S. 169). Ferner bringen Eltern ihrer Töchtern mehr Verständnis entgegen und helfen ihnen eher, Emotionen richtig zu handhaben.

Da bei Mädchen auch die Sprachkompetenz mehr gefördert wird, können sie besser Gefühle artikulieren und emotionale Reaktionen besprechen. Bei Jungen bleiben Emotionen hingegen oft vorbewusst, weil bei ihnen weniger Wert auf das Verbalisieren gelegt wird. Zudem erwarten männliche Gleichaltrige, dass Beziehungen nicht thematisiert und Gefühle heruntergespielt werden und dass miteinander konkurriert wird. Hingegen wird in Mädchengruppen eher kooperiert und z.b. ein Spiel abgebrochen, wenn eine Teilnehmerin weint, und auf ihre Gefühle eingegangen.

Erzieher/innen sollten somit die emotionale Intelligenz der ihnen anvertrauten Kinder fördern und sich dabei besonders den Jungen widmen. Zunächst sollten sie auf die Selbstwahrnehmung fokussieren: Je offener Kinder für die eigenen Emotionen sind, desto besser lernen sie, mit ihnen umzugehen – und die Gefühle anderer Menschen zu deuten. Da Letzteres zumeist anhand nonverbaler Reaktionen erfolgt, müssen auch entsprechende Beobachtungsfertigkeiten geschult werden. Anstatt z.b. ein Kind für ein Fehlverhalten zu tadeln, können Erzieher/innen es darauf aufmerksam machen, wie andere reagiert haben: „Schau 'mal, wie traurig du Bettina gemacht hast!" Hilfreich ist, wenn beispielsweise Fotos aus Zeitungen bzw. Zeitschriften nach dem Gefühlsausdruck auf den Gesichtern der abgebildeten Personen sortiert werden. Auch auf diese Weise können Kleinkinder lernen, die nonverbale Kommunikation von Emotionen zu verstehen.

Im Verlauf eines Tages gibt es viele Anlässe (z.b. Kränkungen, Eifersucht, Spannungen, Meinungsverschiedenheiten, Hänseleien), Kinder anzuhalten, sich in andere Personen hineinzuversetzen und deren Perspektive zu erschließen. Nur so können sie sensibler werden. Wichtig ist aber auch, dass die Erzieher/innen Gefühle der Kinder erkennen, ansprechen und erwidern, also auf diese Weise Empathie „vormachen".

Ferner sollten die Fachkräfte eine positive emotionale Grundhaltung bei allen Kindern fördern, also z.b. Optimismus, Hoffnung und Selbstvertrauen. Wichtig ist auch, dass Kleinkinder lernen, (negative) Gefühle und Impulse zu zügeln und sich selbst zu beruhigen, also Selbstbeherrschung zu entwickeln. Zugleich sollten sie lernen, mit den Gefühlen anderer Menschen umzugehen, insbesondere wenn diese sehr spontan, sehr intensiv oder sehr negativ sind. Dazu gehört auch, die Beziehungen zu anderen Personen zu reflektieren.

Von großer Bedeutung sind ferner Persönlichkeitsmerkmale wie z.B. Neugier, Anstrengungsbereitschaft, Ausdauer, Zielstrebigkeit,

Erfolgszuversicht, Kreativität und Fantasie. Interessanterweise sind dies Faktoren, die auch zur Lebenszufriedenheit beitragen. Die Positive Psychologie unterscheidet hier 24 Charakterstärken (Universität Zürich, Psychologisches Institut, Persönlichkeitspsychologie und Diagnostik o.J.). Geordnet nach der Stärke des Einflusses auf das Glück handelt es sich um Hoffnung, Enthusiasmus, Bindungsfähigkeit, Neugier, Dankbarkeit, Ausdauer, Humor, soziale Intelligenz, Tapferkeit, Weisheit, Selbstregulation, Führungsvermögen, Spiritualität, Liebe zum Lernen, Freundlichkeit, Vergebungsbereitschaft, Vorsicht, Teamwork, Kreativität, Authentizität, Sinn für das Schöne, Urteilsvermögen und Fairness. Die 24. Charakterstärke – Bescheidenheit – beeinflusst die Lebenszufriedenheit eher negativ.

Diese Charakterstärken sind schon in der frühen Kindheit bei den einzelnen Kindern unterschiedlich stark ausgeprägt. So sollten Erzieher/innen bei jedem Kind auch das „Profil der Charakterstärken" erfassen, was nur durch systematische Beobachtung und im Dialog mit ihm möglich ist. Dem Kind – und seinen Eltern – sollten die Stärken bewusst gemacht werden. Für seinen weiteren Lebensweg ist entscheidend, ob es seine Charakterstärken nutzen kann – dies ist in etwa genauso wichtig wie die Entfaltung seiner kognitiven Potenziale. So sollten im Kindergarten Charakterstärken weiter ausgebaut und Schwächen reduziert werden – durch Anerkennung und Bestätigung, Verständnis und Unterstützung, entwicklungsgemäße Anforderungen und individuelle Förderung.

Um ein sinnvolles Leben zu führen, reicht es aber nicht aus, nur die eigenen kognitiven, sozialen und emotionalen Kompetenzen zu entfalten und Charakterstärken zu entwickeln, sondern man benötigt auch eine Orientierung. Hier ist die ethische Bildung von Bedeutung: Werte geben dem Denken und Handeln eines Menschen Orientierung.

Leider ist es heute nicht leicht, ein eigenes Wertesystem aufzubauen: Zum einen ist unsere Gesellschaft weitgehend säkularisiert, spielt die Kirche als Verfechter bestimmter Werte kaum noch eine Rolle – und erst recht nicht mehr als Kontrollinstanz. Zum anderen konkurrieren in unserer Gesellschaft ganz unterschiedliche Werte miteinander – Werte wie Reichtum, Ruhm, Macht, Erfolg, Gerechtigkeit, Wahrhaftigkeit, Gleichheit, Nächstenliebe, Solidarität, Mäßigung, Glück, Nachhaltigkeit, Toleranz usw.

So gibt es heute ein Überangebot an Werten. Die persönliche Sinnfindung und das Entwickeln eines eigenen Wertehorizonts werden dadurch erschwert. Hinzu kommt, dass inzwischen weder Familie noch Schule Kindern und Jugendlichen die notwendige Unterstützung bieten. Nur im Kindergarten gibt es in der Regel noch eine das Zusammenleben bewusst prägende Wertorientierung. Hier ist das Vorbild der Erzieherin von besonderer Bedeutung: Wie lebt sie (christliche) Werte vor? Wie behandelt sie die einzelnen Kinder und Eltern? Jedem Kind muss seitens der Fachkraft vermittelt werden, dass es so wie es ist gewollt und *wert*voll ist.

Hilfreich ist, wenn Erzieher/innen immer wieder ihr Verhalten in bestimmten Situationen erklären und dabei Bezug auf die von ihnen vertretenen Werte nehmen. Oft bieten auch der Stuhlkreis und Einzelgespräche – insbesondere nach Konflikten – die Gelegenheit, über Werte zu sprechen. Wenn in der Kinderkonferenz weitere Regeln für das Zusammenleben vereinbart oder alte Regeln hinterfragt werden, kann auf die zugrundeliegenden Werte hingewiesen werden. Auch relevante Bilderbücher, Geschichten, Meditationen und natürlich Angebote im Rahmen der religiösen Bildung sind geeignet, ethische und moralische Fragen zu diskutieren.

Werte sollten also zu einem „inneren Kompass" auf dem Weg durch das Leben werden. Sie können Orientierung bei der Entfaltung von kognitiven Kompetenzen und bei der Ausbildung des eigenen Charakters bieten. Für den Kindergarten heißt dies: Bildung, Persönlichkeitsentwicklung und Werteerziehung sind untrennbar!

Literatur

Astington, J.W.: Wie Kinder das Denken entdecken. München, Basel: Reinhardt 2000

Bailey, B.A./Brookes, C.: Thinking out loud. Development of private speech and the implications for school success and self-control. Young Children 2003, 58 (5), S. 46-52

Becker-Textor, I.: Mit Kinderaugen sehen. Wahrnehmungserziehung im Kindergarten. Freiburg, Basel, Wien: Herder 1992

Bostelmann, A./Fink, M.: Digital Genial. Erste Schritte mit Neuen Medien im Kindergarten. Berlin: Bananenblau 2014

Bransford, J.D./Brown, A.L./Cocking, R.R. (Hrsg.): How people learn. Brain, mind, experience, and school. Washington: National Academy Press 1999

Burtscher, I.M.: Der Kindergarten – ein Ort zeitgemäßer Bildung?! Ein Beitrag zur Professionalisierung von ElementarpädagogInnen. Dissertation an der geisteswissenschaftlichen Fakultät der Leopold-Franzens-Universität Innsbruck. Innsbruck: Manuskriptdruck 2002

Donohue, C. (Hrsg.): Technology and Digital Media in the Early Years. Tools for Teaching and Learning. New York: Routledge/National Association for the Education of Young Children 2015

Eliot, L.: Was geht da drinnen vor? Die Gehirnentwicklung in den ersten fünf Lebensjahren. Berlin: Berlin Verlag 2001

Elschenbroich, D.: Weltwissen der Siebenjährigen. Wie Kinder die Welt entdecken können. München: A. Kunstmann Verlag 2001

Epstein, A.S.: How planning and reflection develop young children's thinking skills. Young Children 2003, 58 (5), S. 28-36

Flavell, J.H./Hartman, B.M.: What children know about mental experiences. Young Children 2004, 59 (2), S. 102-109

Fölling-Albers, M.: Kinder und Kindheit im Blick der Erziehungswissenschaft. In: Thole, W./Roßbach, H.-G./Fölling-Albers, M./Tippelt, R. (Hrsg.): Bildung und Kindheit. Pädagogik der Frühen Kindheit in Wissenschaft und Lehre. Opladen, Farmington Hills: Verlag Barbara Budrich 2008, S. 33-47

Forman, G.E./Kuschner, D.S.: The child's construction of knowledge. Piaget for teaching children. Washington: National Association for the Education of Young Children, 3. Aufl. 1990

Freie Hansestadt Bremen. Die Senatorin für Soziales, Kinder, Jugend und Frauen: Frühkindliche Bildung in Bremen. Rahmenplan für Bildung und Erziehung im Elementarbereich. Bremen: Selbstverlag, 2. Aufl. 2012

Freie und Hansestadt Hamburg. Behörde für Arbeit, Soziales, Familie und Integration (Hrsg.): Hamburger Bildungsempfehlungen für die Bildung und Erziehung von Kindern in Tageseinrichtungen. Hamburg: Selbstverlag, 2. Aufl. 2012

Friedrich, G./de Galgóczy, V./Schindelhauer, B.: Komm mit ins Zahlenland. Eine spielerische Entdeckungsreise in die Welt der Mathematik. Freiburg, Basel: Herder 2011

Gardner, H.: Der ungeschulte Kopf. Wie Kinder denken. Stuttgart: Klett-Cotta, 5. Aufl. 2004

Gardner, H.: Abschied vom IQ. Die Rahmen-Theorie der vielfachen Intelligenzen. Stuttgart: Klett-Cotta, 4. Aufl. 2005

Goleman, D.: Emotionale Intelligenz. München, Wien: Carl Hanser 1996

Henneberg, R./Klein, H./Klein, L./Vogt, H.: Den Sinn kindlichen Handelns verstehen und respektieren. In: Henneberg, R./Klein, H./Klein, L./Vogt, H. (Hrsg.): Mit Kindern leben, lernen, forschen und arbeiten. Kindzentrierung in der Praxis. Seelze-Velber: Kallmeyer 2004, S. 14-45

Hoenisch, N./Niggemeyer, E.: Mathe-Kings. Junge Kinder fassen Mathematik an. Berlin: wamiki, 3. Aufl. 2019

Kamii, C./DeVries, R.: Group games in early education. Implications of Piaget's theory. Washington: National Association for the Education of Young Children, 5. Aufl. 1991

Katz, L.G./Chard, S.C.: Engaging children's minds: the project approach. Norwood: Ablex 1989

Klein, L./Vogt, H.: Die richtige Frage zur richtigen Zeit. Fragen sind der Schlüssel zu Verstehen und Dialog. In: Henneberg, R./Klein, H./Klein, L./Vogt, H. (Hrsg.): Mit Kindern leben, lernen, forschen und arbeiten. Kindzentrierung in der Praxis. Seelze-Velber: Kallmeyer 2004, S. 204-209

Küspert, P./Schneider, W.: Hören, lauschen, lernen. Sprachspiele für Kinder im Vorschulalter – Würzburger Trainingsprogramm zur Vorbereitung auf den Erwerb der Schriftsprache. Anleitung und Arbeitsmaterial. Göttingen: Vandenhoeck & Ruprecht, 7. Aufl. 2018

Layzer, J.I./Goodson, B.D./Moss, M.: Observational study of early childhood programs. Final report, volume 1: Life in preschool. Washington, D.C.: Department of Education 1993

Lück, G.: Handbuch der naturwissenschaftlichen Bildung. Theorie und Praxis für die Arbeit in Kindertageseinrichtungen. Freiburg, Basel, Wien: Herder 2003

Montie, J.E./Claxton, J./Lockhart, S.D.: A multinational study supports child-initiated learning. Using the findings in your classroom. Young Children 2007, 62 (6), S. 22-26

Moyles, J./Adams, S./Musgrove, A.: SPEEL. Study of Pedagogical Effectiveness in Early Learning. Research report No. 363. Norwich: Queen's Printer 2002

Ostermayer, E.: Bildung durch Beziehung. Wie Erzieherinnen den Entwicklungs- und Lernprozess von Kindern fördern. Freiburg, Basel, Wien: Herder 2006

Roboom, S./Eder, S.: Tablets im Kindergarten – mobil und multifunktional?! In: Friedrich, K./Stiller, F./Treber, A. (Hrsg.): smart und mobil. Digitale Kommunikation als Herausforderung für Bildung, Pädagogik und Politik. München: kopaed 2015, S. 171-183

Roskos, K.A./Christie, J.F./Richgels, D.J. (2003): The essentials of early literacy instruction. Young Children 58 (2), S. 52-60

Ross, M.E.: Science their way. Young Children 2000, 55 (1), S. 6-13

Schäfer, G.E.: Pädagogisches Profil. http://www.uni-koeln.de/ew-fak/ paedagogik/schaefer/paedagogischesprofil.html

Shouse, A.C.: Das High/Scope Vorschulcurriculum. In: Fthenakis, W.E./Textor, M.R. (Hrsg.): Pädagogische Ansätze im Kindergarten. Weinheim, Basel: Beltz 2000, S. 154-169

Siraj-Blatchford, I./Sylva, K./Muttock, S./Gilden, R./Bell, D.: Researching effective pedagogy in the early years. Research report No. 356. Norwich: Queen's Printer 2002

Sodian, B.: Entwicklung begrifflichen Wissens. In: Oerter, R./Montada, L. (Hrsg.): Entwicklungspsychologie. Weinheim, Basel, Berlin: Beltz/PVU, 5. Aufl. 2002, S. 443-468

Sprung, B.: Physics is fun, physics is important, and physics belongs in the early childhood curriculum. Young Children 1996, 51 (5), S. 29-33

Sylva, K./Melhuish, E./Sammons, P./Siraj-Blatchford, I./Taggart, B./Elliott, K.: The Effective Provision of Pre-School Education (EPPE) project: Findings from the pre-school period (2003). http://www.ioe.ac.uk/schools/ ecpe/eppe/eppe/eppepdfs/RB%20summary%20findings%20from%20Presch ool.pdf

Sylva, K./Melhuish, E./Sammons, P./Siraj-Blatchford, I./Taggart, B.: The Effective Provision of Pre-School Education (EPPE) project: Findings from the early primary years (2004a). http://www.ioe.ac.uk/schools/ecpe/ eppe/eppe/eppepdfs/RB%20Findings%20from%20Early%20Primary.pdf

Sylva, K./Melhuish, E./Sammons, P./Siraj-Blatchford, I./Taggart, B.: The Effective Provision of Pre-School Education (EPPE) project: Findings from pre-school to end of key stage 1 (2004b). http://www.ioe.ac.uk/ schools/ecpe/eppe/eppe/eppepdfs/TP10%20Research%20Brief.pdf

Textor, M.R.: Bildung, Erziehung, Betreuung. Unsere Jugend 1999, 51 (12), S. 527-533

Textor, M.R.: Lew Wygotski – der ko-konstruktive Ansatz. In: Fthena-kis, W.E./Textor, M.R. (Hrsg.): Pädagogische Ansätze im Kindergarten. Weinheim, Basel: Beltz 2000, S. 71-83

Textor, M.R.: Projektarbeit im Kindergarten. Planung, Durchführung, Nachbereitung. Norderstedt: BoD, 3. Aufl. 2020a

Textor, M.R.: Bildungs- und Erziehungspartnerschaft in Kindertagesein-richtungen. Norderstedt: BoD, 3. Aufl. 2020b

Textor, M.R.: Elternarbeit im Kindergarten. Ziele, Formen, Methoden. Norderstedt: BoD, 4. Aufl. 2021

Tietze, W./Becker-Stoll, F./Bensel, J./Eckhardt, A.G./Haug-Schnabel, G./Kalicki, B./Keller, H./Leyendecker, B. (Hrsg.): NUBBEK. Nationale Untersuchung zur Bildung, Betreuung und Erziehung in der frühen Kind-heit. Fragestellungen und Ergebnisse im Überblick. www.nubbek.de/ me-dia/pdf/NUBBEK%20 Broschuere.pdf

Universität Zürich, Psychologisches Institut, Persönlichkeitspsychologie und Diagnostik: Values in action. Zürich o.J. (vgl. http://www. charakter-staerken.org/fragebogen.php; http://www.charakterstaerken.org/VIA_Inter pretationshilfe.pdf)

Workman, S.H./Gage, J.A.: Family-school partnerships: A family strengths approach. Young Children 1997, 52 (4), S. 10-14

Wüstenberg, W./Schneider, K.: Vielfalt und Qualität: Aufwachsen von Säuglingen und Klein(st)kindern in Gruppen. In: Maywald, J./Schön, B. (Hrsg.): Krippen: Wie frühe Betreuung gelingt. Fundierter Rat zu einem umstrittenen Thema. Weinheim, Basel: Beltz 2008, S. 144-177

Autor

Dr. Martin R. Textor, Jahrgang 1954, studierte Erziehungswissenschaft, Beratung und Sozialarbeit an den Universitäten Würzburg, Albany (New York) und Kapstadt. Er arbeitete 20 Jahre lang als wissenschaftlicher Angestellter am Staatsinstitut für Frühpädagogik in München. Vom November 2006 bis Dezember 2018 leitete er zusammen mit seiner Frau das nicht universitäre Institut für Pädagogik und Zukunftsforschung (IPZF) in Würzburg. Seit Januar 2019 ist er Rentner.

Martin R. Textor veröffentlichte 23 Monographien, 23 Fachbücher als (Mit-) Herausgeber, mehr als 470 Artikel in Fachzeitschriften, wissenschaftlichen Zeitschriften und (Hand-) Büchern (ohne graue Literatur), rund 300 Fachartikel im Internet sowie circa 660 Rezensionen. Ferner wirkte er an 485 Veranstaltungen – mit mehr als 24.600 Teilnehmer/innen – als Referent oder Fortbildner mit.

Gemeinsam mit Antje Bostelmann gibt Martin R. Textor „Das Kita-Handbuch" heraus (www.kindergartenpaedagogik.de). Ferner ist er Autor der Websites „Zukunftsorientierte Pädagogik" (www.zukunftsorientierte-paedagogik.de), „Zukunftsentwicklungen" (www.zukunftsentwicklungen.de) „Kindertagesbetreuung" (www.kindertagesbetreuung.de) sowie „Elternarbeit in Kita und Schule" (www.elternarbeit.info). Ausführliche Informationen über seine Person und seine Veröffentlichungen können auf www.ipzf.de abgerufen werden. Seine Autobiographie ist unter www.martin-textor.de zu finden.